FÜNF HAUPTPROBLEME DER STATISTISCHEN METHODENLEHRE

VON

FRANZ ŽIŽEK

PROFESSOR AN DER UNIVERSITÄT FRANKFURT A. M.

MÜNCHEN UND LEIPZIG
VERLAG VON DUNCKER & HUMBLOT
1922

Von Professor Franz Žižek
erschien bei Duncker & Humblot in München und Leipzig

Die statistischen Mittelwerte
Eine methodologische Untersuchung
1908. X, 444 Seiten. Preis: M. 90.—

Soziologie und Statistik
1911. III, 47 Seiten. Preis: M. 15.—

Vorwort.

In der vorliegenden Schrift versuche ich zunächst das Wesen des statistischen Verfahrens auf einige Begriffe (insbesondere auf die Begriffe der Erhebungseinheit, der Erhebungsmerkmale, der die Einzelfälle zusammenfassenden Gruppen und der diese Gruppen charakterisierenden Aussagen) zurückzuführen. Wie diese Begriffe bei der Durchführung einer Statistik aufgefaßt werden, ist von der größten Tragweite für die sich ergebenden statistischen Zahlen. Jede Statistik läßt sich unseres Erachtens methodologisch mit Hilfe der bei der Gewinnung der betreffenden Statistik zugrunde gelegten Begriffsdefinitionen kennzeichnen. Ein logisch einwandfreies statistisches Arbeiten ist überhaupt nur möglich, wenn stets auf die entscheidenden Begriffe Bedacht genommen wird: bei der Gewinnung neuer statistischer Daten müssen präzise Begriffe zugrunde gelegt werden, bei der Verwertung vorhandener Statistiken müssen die ihnen zugrunde liegenden Begriffe — nach denen sich ja richtet, was die Ziffern besagen — sorgfältigst beachtet werden. Wir glauben, der statistischen Methodenlehre durch unsere Betrachtungsweise feste, einheitliche Grundlagen zu sichern.

Unsere Art, die statistische Methodik zu behandeln, benutzen wir sofort, um einige aktuelle Spezialprobleme der methodologischen Statistik — schließlich auch die Frage, ob man mit der Statistik „alles beweisen" könne — zu untersuchen, wobei sich Gelegenheit bietet, unsere Auffassung und ihre Konsequenzen noch eingehender zu erläutern. Wir müssen es dem Leser überlassen, zu beurteilen, ob sich unsere Betrachtungsweise bei dieser Anwendung auf aktuelle Probleme — als richtig und zweckmäßig — bewährt.

Die in der vorliegenden Schrift vertretene prinzipielle Auffassung liegt auch dem „Grundriß der Statistik" des Verfassers zugrunde. Allein der Aufbau des genannten „Grundrisses" ermöglicht es nicht, dort den grundsätzlichen Standpunkt des Verfassers zusammenfassend darzulegen und näher zu begründen; dieser Aufgabe mußte eine besondere Schrift gewidmet werden. Auch die in der vorliegenden Schrift unter 2. bis 5. behandelten Spezialprobleme werden in unserem „Grundrisse" an vielen Stellen gestreift; aber auch für diese Fragen erwies sich eine besondere monographische Darstellung als notwendig. So stellt die vorliegende Schrift in gewissem Sinne eine Ergänzung des „Grundrisses der Statistik" dar, wobei jedoch jede der beiden Schriften für sich allein verständlich bleibt.

Frankfurt a. M., im April 1922.

Franz Žižek.

Inhalt.

		Seite
1.	Die statistischen Zahlen und die statistischen Begriffe . . .	5
2.	„Willkür" im statistischen Verfahren	11
3.	Warum findet man so oft in der Statistik nicht, was man sucht?	22
4.	Die statistische Vergleichbarkeit	28
5.	„Mit der Statistik kann man alles beweisen!"	42

1. Die statistischen Zahlen und die statistischen Begriffe.

Die Statistik unternimmt es, die „Massenerscheinungen" des menschlichen Gesellschaftslebens, um sie unserer Erkenntnis zugänglich zu machen, zahlenmäßig zu erfassen. Sie strebt keineswegs „Photographien" der Wirklichkeit an — in diesen würde ja die „unübersichtliche Mannigfaltigkeit" des Lebens wiederkehren —, sondern sie will Aufschlüsse über das Wesentliche in der Gestaltung der Massenerscheinungen ermitteln, und zwar durch charakteristische Aussagen über — wissenschaftlich und praktisch — bedeutsame Gruppen. Wenn die Statistik z. B. die Bevölkerung erfaßt, so ist dabei ihr Ziel, Zahlen zu gewinnen, welche angeben, wie stark die wichtigsten Gruppen der Bevölkerung (Männer und Frauen, die verschiedenen Altersstufen, Konfessionen usf.) vertreten sind; diese Zahlen liefern ein Bild der Zusammensetzung der Bevölkerung aus bestimmten bedeutsamen Teilmassen. Will die Statistik die Lohnverhältnisse schildern, so wird sie für die Arbeiter der verschiedenen Berufe Durchschnittslöhne ermitteln oder — genauer — die Verteilung der Arbeiter der einzelnen Berufe auf bestimmte Lohnstufen darstellen.

Um nun statistische Aussagen im angedeuteten Sinne gewinnen zu können, stellt die Statistik zunächst an der „Massenerscheinung" eine planmäßige „Massenbeobachtung" an, bei der sie die „Elemente" der „Massenerscheinung" zählt und an ihnen bestimmte Merkmale — eben jene Merkmale, nach denen dann die Gruppen gebildet werden sollen — beobachtet; es findet also z. B. eine Volkszählung — bei welcher die einzelnen Individuen mit ihren Merkmalen Geschlecht, Alter, Konfession usf. verzeichnet werden — oder eine Lohnerhebung — eine Zählung der Arbeiter mit ihren Merkmalen Lohnhöhe, Beruf usf. — statt, und so wird das Material beschafft, welches sodann entsprechender gruppierender Bearbeitung unterworfen wird. Daher lassen sich offenbar zwei Stadien unterscheiden: die Erhebung führt Beobachtungen an Einzelfällen wie menschlichen Individuen oder Betrieben, Wohnungen usf. durch; sie gewinnt gewisse Daten über Bestandteile der Wirklichkeit. Das zweite Stadium — die Bearbeitung des Erhebungsmaterials — besteht in der Zusammenfassung der nach Maßgabe der Erhebungsmerkmale übereinstimmenden Fälle zu Gruppen und in der Gewinnung von charakteristischen Aussagen über diese Gruppen; da vollzieht sich ein Umwandlungsprozeß, aus den Individualdaten entstehen die gewünschten charakteristischen Aussagen über gewisse bedeutsame Gruppen; damit wird die „unübersichtliche Mannigfaltigkeit" der Wirklichkeit überwunden. Die statistischen Aussagen — denken wir namentlich an Verhältniszahlen (wie z. B. Geburten- oder Sterbenshäufigkeit, Knabenüberschuß der Geborenen) und Mittelwerte (wie z. B. mittlere Körperlänge oder mittlere Lebensdauer oder Durchschnittslohn) — besitzen selbständigen Wert, da sie im Sinne des Gesetzes der großen Zahlen das Ergebnis der auf bestimmte Gruppen einwirkenden allgemeinen, konstanten Ursachen zum Ausdruck bringen, während die tatsächlichen Einzelfälle nicht nur von den allgemeinen, sondern auch von individuellen Momenten beeinflußt werden und daher mannigfache Verschiedenheiten aufweisen, wobei es leicht vorkommen kann, daß die Wirklichkeit eine mit der statistischen Ziffer übereinstimmende Größe überhaupt nicht aufweist. So haben statistische Zahlen eigentlich immer einen mehr oder weniger abstrakten Charakter.

Die Statistik kann und will die Erscheinungen des Gesellschaftslebens nicht unmittelbar als Totalitäten erfassen; sie zerlegt sie gewissermaßen in ihre Elemente — diese kann sie beobachten — und setzt dann aus diesen Elementen ein Bild zusammen, das zwar mit der empirischen Wirklichkeit nicht übereinstimmt, aber gerade das für die Erkenntnis Wesentliche zur Darstellung bringt. Bei jeder neu durchzuführenden Statistik muß nun klar sein, in welche „Elemente" die betreffende Massenerscheinung bei der Erhebung zu zerlegen ist, d. h. welche „Elemente" zu zählen sind, es muß also die „Erhebungseinheit" („Zähleinheit") definiert werden; ferner muß Klarheit über die an den Erhebungseinheiten zu beobachtenden „Erhebungsmerkmale" bestehen. Zu diesen beiden Begriffen des Erhebungsstadiums kommen dann die Begriffe der bei der Bearbeitung zu bildenden Gruppen und der diese Gruppen charakterisierenden Aussagen. Führen wir z. B. eine Volkszählung durch, so müssen wir vor allem die Erhebungseinheit begrifflich präzisieren: nur die innerhalb unserer Staatsgrenzen befindlichen, am Stichtage und im kritischen Moment der Volkszählung lebenden Individuen kommen in Betracht, und zwar in jedem Orte üblicherweise alle „ortsanwesenden" Personen (also nicht z. B. die „Wohnbevölkerung"). Für jedes gezählte Individuum ermitteln wir gewisse Merkmale; sie sind hier meist sehr einfach — Geschlecht, Alter, Familienstand —; aber manchmal ist doch auch hier eine begriffliche Erläuterung notwendig; z.B. gelten als „blind" auch manche nicht völlig — im medizinischen Sinne — erblindete Personen. Die preußische Statistik definiert die „Muttersprache" derart, daß unter Umständen die Angabe von zwei Muttersprachen zulässig ist. Bei der Bearbeitung

1. Die statistischen Zahlen und die statistischen Begriffe.

werden die beiden Geschlechter getrennt, Altersstufen, Familienstandsgruppen usf. gebildet — jede dieser Gruppen steht begrifflich fest; für jede dieser Gruppen wird als sie charakterisierende Aussage die Zahl der auf sie entfallenden Individuen angegeben. Begriffliche Klarheit ist aber nicht nur erforderlich, um eine Statistik durchführen zu können; auch wer eine Statistik benutzt, muß, um sie richtig zu verstehen, die bei Gewinnung derselben zugrunde gelegten Begriffe kennen.

Die Begriffsbildung, die im vorstehenden Beispiel der Volkszählung sehr einfach ist, kompliziert sich nun sehr stark in vielen anderen Statistiken. Die Erhebungseinheit muß bei zahlreichen Erhebungen ganz genau definiert werden, damit bei der Erhebung richtig und einheitlich vorgegangen wird, und damit man bei der Benutzung der Ergebnisse weiß, was diese eigentlich bedeuten. Es zeigt sich, daß Bezeichnungen des Alltagslebens und Bezeichnungen bestimmter Wissenschaften, z. B. der Volkswirtschaftslehre, als Richtschnur für statistische Erhebungen nicht ausreichen, und daß für statistische Zwecke besondere Definitionen erforderlich sind. Was als „Haus" zu zählen ist, muß — wegen verschiedener Übergangs- und Grenzfälle — bei einer Häuserzählung genau erklärt werden; besonders genauer Bestimmung bedarf z. B. der Begriff des „gewerblichen Betriebes", jener des Kartells, des Streiks. Manchmal erfährt der Begriff der Erhebungseinheit eine Einschränkung dadurch, daß gewisse — nach einem bestimmten Maßstabe — unbedeutende Fälle (Betriebe, Schiffe, Brände) ausscheiden. Je nach der Begriffsbestimmung der Erhebungseinheit ändern sich natürlich die resultierenden Zahlen. Die primäre Statistik, welcher die vorstehenden Beispiele entnommen waren, hat es in der Hand, den Begriff der Erhebungseinheit nach ihren Wünschen und Anschauungen zu prägen. Die sekundäre Statistik übernimmt von irgendeiner nichtstatistischen Verwaltungstätigkeit gewonnenes Material zur statistischen Weiterverwertung; aber auch dieses Material bezieht sich auf gewisse Einheiten (Zensiten, im Handelsregister eingetragene Aktiengesellschaften, von Gerichten abgeurteilte Verbrecher, unterstützte Arme, Versicherte), die begrifflich irgendwie feststehen, wenn auch die Begriffe hier nicht von der Statistik, sondern durch die das vorstatistische Stadium regelnden Rechts- und Verwaltungsgrundsätze (Steuer-, Handels-, Strafgesetz usf.) geprägt werden.

Ebenso wie die Erhebungseinheiten bedürfen auch die Erhebungsmerkmale häufig begrifflicher Klarstellung. Wenn die Statistik bei der Berufszählung die Einwohner einladet, anzugeben, ob sie einen „Hauptberuf" oder einen „Nebenerwerb" haben und welchen, so muß die Statistik doch mit diesen Bezeichnungen bestimmte Begriffe verbinden und diese auch den Befragten bekanntgeben, damit letztere die Fragen richtig beantworten können. Wenn bei einer Wohnungszählung für jede Wohnung nach dem Merkmal „Zahl der zur Wohnung gehörigen Räume" gefragt wird, so bedarf es einer Präzisierung namentlich nach der Richtung, welche Räume da zu berücksichtigen sind, ob auch die Küche, ob gewisse Nebenräume usf. Sekundäre Statistiken haben die Begriffe der Erhebungsmerkmale — ebenso wie jene der Erhebungseinheiten (siehe oben) — so hinzunehmen, wie sie im vorstatistischen Stadium geprägt wurden; in der Einkommenstatistik, welche an die Veranlagung der Einkommensteuer anknüpft, gilt der Einkommensbegriff des Einkommenssteuergesetzes; die Seeschiffe werden für Verwaltungszwecke in bestimmter Weise vermessen; die so gefundenen Größenangaben gehen auch in die Statistik der Seeschiffe über.

Bei der Bearbeitung des Erhebungsmaterials werden Gruppen gebildet, die ebenfalls begrifflich präzisiert sein müssen. Wenn wir Berufs- oder Gewerbegruppen bilden, so muß genau feststehen, welche Einzelberufe, welche Einzelgewerbe dabei zusammengefaßt werden. Größenklassen sind durch ihre Spannweite und die Lage der Grenzpunkte präzisiert. Die räumliche Zusammenfassung schließt in der Regel an die feststehenden politisch-administrativen Bezirke an, die zeitliche an die bekannten Abschnitte des Monats, Jahres.

Für jede Gruppe erfolgt eine bestimmte Aussage. Zumeist wird die Zahl der Erhebungseinheiten angegeben, welche auf die Gruppe entfallen (Zahl der Personen jedes der beiden Geschlechter bzw. der einzelnen Konfessionen, Altersstufen usf.). Nicht selten besteht die Aussage darin, daß die auf die einzelnen Gruppen entfallenden Gesamtmengen eines quantitativen Erhebungsmerkmals „aufsummiert" angegeben werden, z. B. in der gewerblichen Betriebsstatistik für die einzelnen Gewerbezweige oder Größenklassen von Betrieben — neben der auf sie entfallenden Zahl von Betrieben (Erhebungseinheiten) — auch die auf sie entfallende Gesamtzahl von beschäftigten Personen, in der Statistik des auswärtigen Handels für die einzelnen Warengattungen die Gesamtmengen und Gesamtwerte. Weitere Aussagen zur Charakterisierung der einzelnen Gruppen können in Verhältniszahlen bestehen; für die Gewerbezweige kann z. B. der Prozentsatz der beschäftigten weiblichen Personen, es können für verschiedene Berufsgruppen Sterbenshäufigkeiten angegeben werden. Schließlich können Mittelwerte als Aussagen auftreten, z. B. Durchschnittslöhne für die einzelnen Berufsgruppen der erfaßten Arbeiter. Auch die für die unterschiedenen Gruppen zu deren Charakterisierung gemachten Aussagen müssen begrifflich einwandfrei feststehen. Es muß klar sein, welcher Mittelwert berechnet wurde — in unserem Beispiel also, ob der Durchschnittslohn nach dem Prinzip des arithmetischen Mittels oder der Medianlohn oder der häufigste Lohn —; werden Verhältniszahlen ge-

1. Die statistischen Zahlen und die statistischen Begriffe. 9

boten, so muß klar sein, welche Massen in Beziehung gesetzt wurden: die Angaben über die auf die Gruppen entfallenden Zahlen von Einheiten oder Gesamtmengen eines Erhebungsmerkmals bedürfen meist keiner weiteren begrifflichen Erläuterung.

So ist jede Statistik auf den Begriffen der Erhebungseinheit, der Erhebungsmerkmale, der charakterisierten Gruppen und der diese charakterisierenden Aussagen aufgebaut; mit dem Netze dieser Begriffe wird die Wirklichkeit sozusagen „eingefangen", und ihm gemäß gestaltet sich das Ergebnis der statistischen „Erfassung". Wird eine Statistik durchgeführt, so müssen vor allem alle diese Begriffe festgelegt werden; nach ihnen müssen sich alle durchführenden Organe richten. Eine vorhandene Statistik kann man nur verstehen und richtig beurteilen, wenn man weiß, wie die genannten Begriffe bei dieser Statistik definiert worden sind; man muß den konkreten Begriff der Erhebungseinheit und die konkreten Begriffe sämtlicher Erhebungsmerkmale, Gruppen und Aussagen kennen. Jede einzelne statistische Zahl ist logisch durch die speziell bei ihrer Gewinnung zugrunde gelegten vier Begriffe bestimmt.

Nehmen wir einige Beispiele. „Bei der letzten deutschen landwirtschaftlichen Betriebszählung gab es 3,4 Millionen Parzellenbetriebe." Eine bestimmte Gruppe (Größenklasse) von Betrieben — jene unter 2 ha landwirtschaftlicher Fläche — wird charakterisiert durch die Aussage, wie viel Erhebungseinheiten (Betriebe) auf sie entfallen. Das Erhebungsmerkmal, nach dem die Gruppe gebildet wurde, ist die Größe der zum Betriebe gehörigen landwirtschaftlichen Fläche (nicht etwa die Größe der Gesamtfläche des Betriebes). Schließlich müssen wir wissen, was bei der Erhebung unter „Betrieb" verstanden wurde; hierzu gehört auch die Kenntnis des Stichtags der Zählung; denn nur die an diesem vorhandenen Betriebe wurden gezählt. Wird nicht die Zahl der Parzellenbetriebe, sondern die auf diese Betriebsgruppe entfallende Gesamtfläche nachgewiesen, so ändert sich die Aussage: an die Stelle der Zahl der Erhebungseinheiten tritt ein für die Gruppe aufsummiertes Erhebungsmerkmal. An die Stelle der absoluten Zahlen können auch Verhältniszahlen — Zahl der Parzellenbetriebe und Fläche derselben in Prozenten der Zahl bzw. der Fläche der sämtlichen Betriebe — als Aussagen treten. Ein zweites Beispiel: „Bei der letzten deutschen Berufszählung machten die Erwerbstätigen 43,5 % der Bevölkerung aus." Wir müssen die Erhebungseinheit kennen: alle im Deutschen Reich am 12. Juni 1907 (dem Stichtage der letzten Berufszählung) ortsanwesenden Personen; wir müssen wissen, wie das Erhebungsmerkmal „erwerbstätig" (im Hauptberuf) verstanden (begrifflich definiert) wurde; denn nach diesem Merkmal wurde ja die Gruppe der sämtlichen „Erwerbstätigen" gebildet, für

1. Die statistischen Zahlen und die statistischen Begriffe.

welche die Aussage ihrer relativen Stärke gemacht wird. „Der häufigste Lohn der Metallarbeiter beträgt soundsoviel Mark." Wir müssen wissen, was bei der vorliegenden Statistik unter „Metallarbeiter" verstanden wurde, welcher Lohn (Stundenlohnsatz, Monatsverdienst usf.) erhoben wurde, was die Angabe des „häufigsten" (nicht des „durchschnittlichen") Lohnes methodologisch bedeutet. Soweit in der Statistik gewisse abkürzende Bezeichnungen — namentlich für gewisse Gruppenbegriffe — verwendet werden (Parzellenbetrieb, bäuerlicher Betrieb, Großbetrieb, Großstadt, Mittelstadt usf., „überfüllte Wohnungen"), muß der Benutzer der bezüglichen Zahlen natürlich wissen, was sie statistisch bedeuten.

Die Statistik muß unseres Erachtens im Sinne der vorstehenden Ausführungen mittels bestimmter Begriffe fundiert werden; erst so wird sie zu einem logisch präzisierten Verfahren; die sämtlichen Einzelzweige der Statistik — mag es sich um eine Volkszählung oder eine Statistik der Aktiengesellschaften oder eine Streikstatistik handeln — können dann an Hand der gleichen grundlegenden Kriterien — die im einzelnen Falle begrifflich klargestellt sein müssen — beurteilt werden[1]). Wir erkennen dann, daß das Eigentümliche der Statistik, ihre eigene Sprache, nicht die Zahlen sind — die keinerlei Besonderheit aufweisen und mittelst der einfachsten Rechenverfahren gewonnen werden können —, sondern die eigenartigen Begriffe, auf welche sich diese Zahlen beziehen. Diese Erkenntnis soll für uns auch der Ausgangspunkt bei den folgenden Betrachtungen sein.

---

[1]) Zu den grundlegenden Kriterien der Erhebungseinheit, der Erhebungsmerkmale, der Gruppen und Aussagen kommen noch die Kriterien des Erhebungsverfahrens — die Art der Beobachtung, die gewählten Auskunftspersonen, die Erhebungsorgane, die Beschaffenheit der Erhebungsformulare — hinzu; es kommt auf die Größe der Beobachtungsmasse, auf Ausmaß und Art der Erhebungsfehler an.

2. „Willkür" im statistischen Verfahren.

Wie im vorstehenden Abschnitt dargelegt, bezweckt die Statistik kein Photographieren der Wirklichkeit; sie will vielmehr das Wesentliche, Allgemeingültige — das in der „unübersichtlichen Mannigfaltigkeit" der Wirklichkeit gar nicht erkennbar ist — durch charakteristische Zahlenausdrücke zur Darstellung bringen; sie erfaßt die Wirklichkeit mit Hilfe eines Netzes von Begriffen; diese schieben sich zwischen den statistischen Forscher und die Wirklichkeit ein. Diese Begriffe können nun — und das ist von der allergrößten Tragweite — häufig auf verschiedene Art gebildet (definiert) werden; bei ihrer Aufstellung ist dem Statistiker vielfach ein weiter Spielraum gegeben; er kann sie vielfach nach seinem Ermessen bilden. Je nach den gewählten und der statistischen Untersuchung zugrunde gelegten Begriffen ergibt sich aber ein verschiedenes zahlenmäßiges Bild — je nachdem, was man zum Beispiel unter „erwerbstätig" oder „arbeitslos" versteht, wird es mehr oder weniger „Erwerbstätige" oder „Arbeitslose" geben; je nachdem, wie man den „Großbetrieb" oder die „Landgemeinde" definiert, wird es deren mehr oder weniger geben. Hierzu kommt, daß auch außerhalb der Begriffsbildung — zum Beispiel im Erhebungs- und Bearbeitungsverfahren, bei graphischer Darstellung usf. — oft in verschiedener Weise vorgegangen werden kann. Somit kann in der Statistik eine gewisse „Willkür" platzgreifen. Ihr Ausmaß und ihren Einfluß wollen wir im folgenden näher betrachten.

Der für jede statistische Erhebung grundlegendste Begriff, über den vor allem Klarheit herrschen muß, ist der der Erhebungseinheit (Zähleinheit). Bei Einleitung einer primärstatistischen Erhebung wird im Erhebungsplan zunächst die Erhebungseinheit zu definieren sein; der Statistiker wird aber dabei sehr oft verschiedene Möglichkeiten haben, zwischen denen er nach seinem besten Können — mit Beachtung der materiellen Forschungsziele und der methodologischen Postulate — wählen muß. Der statistische Laie wird allerdings meinen, meist könne doch kein Zweifel bestehen; bei einer Volkszählung oder bei einer Häuserzählung zum Beispiel seien die Erhebungseinheiten doch durch die Natur der Sache gegeben. Allein: der Spielraum für die „Willkür" des Statistikers fehlt fast niemals; er ist nur manchmal größer, manchmal kleiner. Bei einer Volkszählung zum Beispiel ist allerdings klar, daß die „Menschen" zu zählen sind; aber bei manchen Personen kann es doch zweifelhaft sein, ob sie als Erhebungseinheiten anzusehen sind oder nicht; die Statistik muß sich zum Beispiel entscheiden, ob in der einzelnen Gemeinde alle am Volkszählungstage anwesenden Personen zu zählen sind oder nur die ortsansässigen (das heißt mit Ausschluß nur vorübergehend Anwesender, dagegen einschließlich vorübergehend Abwesender); die ortsanwesende und die ortsansässige (Wohn-)Bevölkerung werden sich der Zahl nach meist nicht decken. Auch bei einer Häuserzählung kann die Erhebungseinheit verschieden abgegrenzt werden; manchmal werden nur Wohnhäuser (und tatsächlich bewohnte andere Baulichkeiten) berücksichtigt; es muß in den Erhebungsvorschriften ausgesprochen sein, ob zusammengesetzte Gebäude (mit mehreren Treppenhäusern) als ein oder als mehrere Häuser zu zählen sind usf.; der deutsche Bundesrat mußte, um einheitliche Erfassung zu sichern, eine besondere, für das ganze Deutsche Reich bindende statistische Definition des „Hauses" geben.

Bei zahlreichen anderen Erhebungseinheiten ergeben sich ähnliche und oft noch größere Schwierigkeiten. Immer wieder zeigt sich, daß die Begriffe des Alltagslebens und der nichtstatistischen Wissenschaften als Richtschnur für statistische Erhebungen nicht ausreichen, daß besondere Definitionen für statistische Zwecke erforderlich sind, die aber häufig in verschiedener Weise aufgestellt werden können. Grundsätzlich verschieden kann zum Beispiel der Begriff des „gewerblichen Betriebes" definiert werden; welche mannigfachen Probleme da auftauchen, hat Conradt im Allgemeinen Statistischen Archiv (1920) in einer 74 Seiten langen Abhandlung über „Die Zähleinheit der gewerblichen Betriebsstatistik" behandelt, nachdem Walter Schiff schon früher in seinem Berichte über die österreichische gewerbliche Betriebszählung des Jahres 1902 (Statistische Monatsschrift, Wien, 1907 und 1908) die Frage scharfsinnig erörtert hatte. Man kann das technische Moment als entscheidend für den Betriebsbegriff ansehen, technische Einheitlichkeit verlangen — dann werden, wenn mehrere verschiedenartige Gewerbe vereinigt sind, mehrere Betriebe gezählt —, oder man kann das wirtschaftliche Moment in den Vordergrund rücken und auch technisch kombinierte Betriebseinheiten anerkennen. Auch der Begriff des Streiks kann verschieden definiert werden; dabei spielen herein: die Abgrenzung gegen die Aussperrung, die Einbeziehung oder Nichteinbeziehung von Sympathiestreiks und politischen Streiks, etwaige Voraussetzungen einer bestimmten Mindestdauer oder Mindestzahl streikender Arbeiter; eventuell werden überhaupt nicht die Streiks als solche, sondern die Betriebe, in denen gestreikt wird, gezählt. In manchen Zweigen der Statistik werden durch eine entsprechende Begriffsbestimmung der Erhebungseinheit die Fälle von geringer Bedeutung — welche die Erhebung jedoch sehr belasten würden — ausgeschlossen, zum Beispiel Streiks von sehr kurzer Dauer oder ganz

2. „Willkür" im statistischen Verfahren.

geringer Zahl Streikender (siehe oben) oder kleine Vorräte (unterhalb einer bestimmten Gewichtsgrenze), in der Brandstatistik jene Brände, die nicht einen bestimmten Mindestschaden verursacht haben; in allen solchen Fällen kann aber die Grenze natürlich verschieden gezogen werden. Eine schwierige Erhebungseinheit ist ferner zum Beispiel das „Kartell"; die vom Reichsamt des Innern anläßlich der Kartellenquete (1905/06) angefertigte Statistik berücksichtigte nur jene Kartelle, welche mindestens Preise festgesetzt hatten; bloße Konditionenkartelle wurden in die Statistik nicht einbezogen.

Bei sekundärstatistischen Erhebungen — wenn die Statistik nicht eigene Erhebungen für statistische Zwecke durchführt, sondern für bestimmte nichtstatistische Verwaltungszwecke gemachte Feststellungen (Aufzeichnungen) verwertet — ist die Statistik nicht in der Lage, selbst Begriffe zu bilden; sie muß in der Regel das administrative Material, so wie es ist, benutzen; die Statistik kann also hier keine „Willkür" üben. Aber die „Willkür" liegt hier schon im vorstatistischen administrativen Stadium; da werden die Begriffe geprägt, welche in die Statistik übergehen und dort fortleben, und vor allem die Begriffe der Zähleinheiten. Das Steuergesetz bestimmt, wer steuerpflichtig ist; die „Zensiten" im Sinne des Steuergesetzes gehen als Erhebungseinheiten in die Einkommen- und die Vermögensstatistik über. Bestimmte Rechts- und Verwaltungsgrundsätze regeln den Anspruch auf Armenunterstützung, auf bestimmte Leistungen der Sozialversicherung — die im Sinne dieser Normen unterstützten Armen, Rentenempfänger usf. bilden die Zähleinheiten der Armenstatistik, der Unfall-, der Invalidenstatistik. Das Strafgesetz bestimmt, welche Handlungen als strafbare Tatbestände gelten; nur jene Personen, welche solche Handlungen begangen haben, gehen in die Kriminalstatistik über. Das Konkursrecht enthält die Voraussetzungen für die Zahlen der Konkursstatistik; das geltende Wahlrecht ist maßgebend für die Zahl der Wahlberechtigten; je nach dem Eherecht eines Landes sind dort Ehescheidungen leichter oder schwerer möglich und daher in der Statistik stärker oder schwächer vertreten. In diesen Fällen liegt zwar keine „Willkür" der Statistiker vor; aber doch in gewissem Sinne eine „Willkür" in der Statistik. Manchmal kann aber auch bei sekundärer Statistik die Statistik selbst noch einen gewissen Einfluß nehmen; die deutsche Statistik der Aktiengesellschaften berücksichtigt bei ihren Rentabilitätsberechnungen nicht alle im Handelsregister eingetragenen Aktiengesellschaften; sie scheidet die Gesellschaften ohne wirtschaftlichen Zweck, die keinen Geschäftsgewinn anstreben, aus und behandelt nur die „reinen Erwerbsgesellschaften".

Die Erhebungseinheiten werden bekanntlich nicht nur gezählt, sondern es werden für sie bei der Erhebung bestimmte Erhebungs-

2. „Willkür" im statistischen Verfahren.

merkmale ermittelt — nach denen die Einheiten bei der Bearbeitung gruppiert werden sollen. Auch die Erhebungsmerkmale bedürfen grundsätzlich begrifflicher Klarstellung, und sehr häufig sind verschiedene Definitionen möglich. Bei der Berufszählung hat jedermann anzugeben, ob er einen Hauptberuf oder einen Nebenerwerb ausübe; natürlich muß feststehen, was unter diesen beiden Begrifffen zu verstehen ist, und wieder sind verschiedene Definitionen möglich. Ein neuerdings umstrittener Punkt ist folgender: Bei den deutschen Berufszählungen war bisher die Besorgung des Hauswesens bei Ehefrauen und Haustöchtern nicht als Berufstätigkeit anzusehen (wohl aber bei Hausdamen, Wirtschafterinnen und dergleichen); nunmehr ist eine Bewegung im Gange, welche fordert, daß bei der nächsten Berufszählung auch die das eigene Hauswesen besorgenden Frauen als berufstätig gezählt werden sollen. In der Wohnungsstatistik ist für jede Wohnung anzugeben, wieviel „Räume" sie umfaßt; was aber als „Raum" anzusehen und mitzuzählen ist, darüber sind verschiedene Meinungen möglich; früher wurden meist nur die „heizbaren Zimmer" einbezogen; bei der Reichswohnungszählung von 1918 galten als Wohnräume „Zimmer und Kammern, einerlei, ob heizbar oder nicht", dagegen nicht „Räume ohne Fenster, Badezimmer, Speisekammern, bloße Verschläge und ähnliche Räume". Die Streikstatistik erhebt die Zahl der beteiligten Arbeiter; es kann ihre Durchschnitts- oder ihre Höchst- oder ihre Gesamtzahl in Frage kommen. Die Statistik des auswärtigen Handels interessiert sich für den Wert der die Grenze überschreitenden Sendungen; aber dieser Wert kann verschieden definiert werden; die deutsche Statistik will den Wert an der Grenze erfassen, also z. B. bei der Ausfuhr einschließlich Frachtspesen und Versicherungsgebühren bis zur Grenze. Auch die Begriffe des Herkunfts- und Bestimmungslandes können in der Statistik des auswärtigen Handels verschieden definiert werden; unter Herkunftsland zum Beispiel kann man verstehen: das Produktionsland oder das Land, aus dessen Handel die Ware stammt, oder das Land, aus dem die Ware unmittelbar kommt; positive statistische Vorschriften bestimmen in jedem Lande, in welchem Sinne die Angabe zu machen ist. Bei der österreichischen Volkszählung vom Jahre 1910 galten als blind „nicht nur die völlig erblindeten, sondern auch solche Personen, deren Sehvermögen nicht hinreicht, daß sie sich an fremden Orten selbst zurechtfinden (orientieren) und die ausgespreizten Finger der Hand auf dunklem Hintergrunde in einer Entfernung von über 1 m zählen können".

Bei sekundärer Statistik werden die Begriffe der Erhebungsmerkmale — ebenso wie jene der Erhebungseinheiten (siehe oben) — im vorstatistischen Stadium durch bestimmte Rechts- und Verwaltungs-

2. „Willkür" im statistischen Verfahren.

grundsätze festgesetzt: der steuerliche Einkommensbegriff geht in die Statistik über, das heißt, in der Einkommensstatistik erscheint der einzelne Zensit mit seinem „steuerpflichtigen" Einkommen; die Seeschiffe gehen in die Statistik mit dem nach bestimmten administrativen Vorschriften ermittelten Raumgehalt über usf. Die Begriffe tragen — vom Standpunkt des Benutzers der Statistik — wieder etwas „Willkürliches" an sich, wenn auch die „Willkür" nicht von der Statistik herrührt.

Auch das Erhebungsverfahren bietet — namentlich bei primärer Statistik — Möglichkeiten statistischer „Willkür". Es kann eine unmittelbare Besichtigung der Erhebungseinheiten und ihrer Merkmale durch Organe der Statistik erfolgen oder das Verfahren lediglich darin bestehen, daß Fragebogen gewissen Auskunftspersonen zur Ausfüllung zugestellt werden; welche „Art der Beobachtung" gewählt wird, hat zweifellos manchmal einen merklichen Einfluß auf die Ergebnisse. Ferner kommen manchmal verschiedene Ankunftspersonen in Frage, deren Angaben sich aus verschiedenen Gründen oft nicht decken werden. Bei arbeitsstatistischen Untersuchungen — zum Beispiel über Löhne oder Streiks — kann man entweder die Arbeitgeber oder die Arbeitnehmer fragen — oder beide; in der Preisstatistik kann man sich an Verkäufer oder Käufer — oder beide — wenden; als Auskunftspersonen über den Viehstand kommen die Hauseigentümer oder die Viehbesitzer oder schließlich alle jene Haushaltungsvorstände in Betracht, welche Vieh — auch fremdes — in ihrer Obhut haben. Um die zu befragenden Auskunftspersonen zu finden, gibt es wieder verschiedene Wege: man kann sie auffordern, sich zu melden; man kann sie von Haus zu Haus beziehungsweise von Haushaltung zu Haushaltung suchen; man kann ihre Adressen durch besondere Vorerhebungen feststellen. Auch in der Wahl der Erhebungsorgane, in der technischen Ausstattung der Erhebungsformulare hat die Statistik meist einen beträchtlichen Spielraum. Teilerhebungen können einen größeren oder kleineren Ausschnitt der interessierenden Gesamtmasse umfassen.

Dem Erhebungsstadium folgt die Bearbeitung des Erhebungsmaterials, und wieder stellt sich — als treuer Schatten — die Möglichkeit verschiedenen Verfahrens, ein gewisser Spielraum für statistische „Willkür" ein.

Bei der Bearbeitung werden vor allem Gruppen gebildet, die natürlich begrifflich präzisiert sein müssen. Nach sachlich-quantitativen Merkmalen werden Größenklassen (zum Beispiel Altersklassen, Lohnstufen) gebildet. Allein es gibt mehrere Arten von Größenklassen, insbesondere solche mit von vornherein festgesetzten Grenzpunkten und Größenklassen gemäß der Methode der perzentilen Grade. Bei ersteren kann der Statistiker sowohl die Spannweite der Größenklassen als auch die Lage ihrer Grenzpunkte nach seinem Ermessen bestimmen; verschiedene Größenklassen ergeben natürlich ein verschiedenes Bild. Namentlich „natürliche" Größenklassen, die gewissen demographischen oder volkswirtschaftlichen Kategorien entsprechen sollen, können in verschiedener Weise gebildet werden; man denke an die Abgrenzung der „produktiven" Altersklassen oder der „übervölkerten" Wohnungen, an die Begriffe von Landgemeinde, Klein-, Mittel- und Großstadt, an die Begriffe Klein-, Mittel- und Großbetrieb. Sachlich-qualitative Merkmale werden unter Zugrundelegung einer „systematischen Klassifikation" zu Gruppen zusammengefaßt (Klassifikation der Todesursachen, der Warengattungen, Berufs-, Gewerbeschema usf.). Hier gilt es, die sachlich verwandten Fälle zu vereinigen. Allein: welche Fälle „verwandt" sind, welche Fälle sich also sachlich nahestehen, und wo die Grenzen zwischen den verschiedenen Gruppen zu ziehen seien — darüber können die Meinungen sehr geteilt sein. So entstehen oft sehr verschiedene systematische Klassifikationen. In der Berufsstatistik zum Beispiel können die Erwerbstätigen in verschiedener Weise gruppiert werden sowohl bei der Gliederung nach der Art des Berufes als auch bei jener nach der sozialen Stellung im Berufe. Zu letzterer Gliederung nur ein Beispiel: Bei der letzten deutschen Berufszählung wurden die gewerblichen Arbeiter in gelernte und ungelernte untergeteilt und dabei die „angelernten" Arbeiter ziemlich willkürlich auf die eben genannten beiden Gruppen aufgeteilt. Merkmale, „welche eine Häufung zulassen" (nebeneinander können zum Beispiel mehrere Berufe, Versicherungszweige oder Streikforderungen auftreten), können nach drei verschiedenen Methoden bearbeitet werden: indem lediglich die wichtigste Erscheinungsform des Merkmals (zum Beispiel der Hauptberuf) berücksichtigt wird, nach der Methode der „Doppelzählungen" und mit Berücksichtigung aller tatsächlich vorkommenden Kombinationen[1]).

Ist der Statistiker auch in der Regel gezwungen, nach seinem Ermessen gewissermaßen „willkürliche", künstliche Gruppen zu bilden, so gibt es doch auch Fälle, in denen er sich an außerstatistische Normen anlehnen kann, zum Beispiel in der Statistik der Einkommensverteilung an die Stufen des Einkommensteuertarifs, in der Warengruppierung der Handelsstatistik an die Gliederung des Zolltarifs. Allein diese außerstatistischen Gruppen sind meist für die besonderen statistischen Aufgaben nicht sehr zweckmäßig, und vielfach wird eine Emanzipation der statistischen Gruppenbildung von jenen fremden Einflüssen angestrebt.

Zur Bildung sachlicher Gruppen kommt noch meist räumliche

---

[1]) Vgl. des Verfassers „Grundriß der Statistik" § 22 sowohl der 1. als auch der 2. Auflage (1. Aufl. S. 113).

2. „Willkür" im statistischen Verfahren.

(geographische) und — bei Bewegungsmassen — zeitliche Zusammenfassung hinzu. In der Regel kann und muß eine Anlehnung an objektiv gegebene Gruppen erfolgen — an die Bezirke der öffentlichen Verwaltung, an die üblichen Zeitabschnitte des Jahres und Monats. Manchmal werden jedoch „natürliche" Gebiete, eventuell auch „natürliche" Zeiträume, gebildet, wobei die Statistik dann wieder in verschiedener Weise — „willkürlich" — vorgehen kann.

Bei der statistischen Bearbeitung des Erhebungsmaterials wird nun aber nicht etwa getrennt nach Maßgabe jedes einzelnen Merkmals gruppiert, sondern es erfolgt in der Regel eine Gruppenbildung mit **Kombinierung mehrerer Erhebungsmerkmale**; dabei kommt zur Kombinierung sachlicher Merkmale untereinander noch oft die Kombinierung mit dem räumlichen (geographischen), eventuell mit dem zeitlichen Moment. Bei Bearbeitung der Volkszählung zum Beispiel wird der Altersaufbau für jedes der beiden Geschlechter für sich und mit Unterscheidung verschiedener Familienstandsgruppen oder Konfessionen dargestellt; in der landwirtschaftlichen Betriebsstatistik untersucht man Personal, Viehhaltung und Maschinenbenutzung nach Größenklassen der Betriebe; die Statistik der Genossenschaften stellt deren Mitgliederzahlen für die nach dem Unternehmungszwecke und nach der Haftpflichtart unterschiedenen Teilmassen der Genossenschaften dar. Von den bei der Bearbeitung durchgeführten Kombinationen sind der wissenschaftliche Wert und die praktische Benutzbarkeit der schließlichen statistischen Ergebnisse ganz wesentlich abhängig. Aber es gibt keine eindeutige, bindende Regel darüber, welche Kombinationen im einzelnen Falle durchzuführen sind; der bearbeitende Statistiker hat da viel Spielraum; je nachdem, welche Aufschlüsse er für wichtig hält, wird er verschieden vorgehen. Bei der Bearbeitung einer Berufszählung wird man den Beruf jedenfalls mit dem Geschlecht und dem Alter kombinieren; will man auch untersuchen, ob sich die Berufe in ihrer konfessionellen Zusammensetzung beziehungsweise die Konfessionen in ihrer beruflichen Gliederung unterscheiden, so wird man auch Beruf und Konfession kombinieren — vorausgesetzt natürlich, daß die Konfession erhoben wurde. Der die Bearbeitung leitende Statistiker wird auch selbständig zu entscheiden haben, in welchem Ausmaße er die sachliche Gliederung mit der geographischen, eventuell mit der zeitlichen, kombiniert; im allgemeinen gilt hier allerdings die Regel entgegengesetzter Proportion: Tabellen mit viel sachlichem Detail können geographisch und zeitlich nur wenig gegliedert sein, weil sonst ein ungeheures Tabellenwerk entstünde; andererseits können für die vielen kleinen Bezirke und Zeitabschnitte nur relativ wenige Hauptziffern geboten werden.

Für die bei der Bearbeitung gebildeten Gruppen gewinnt der Statistiker schließlich Aussagen, welche diese Gruppen in bestimmter Weise charakterisieren. Auch da kommt es vor, daß dem Ermessen des Statistikers ein gewisser Spielraum offen steht. Meist besteht die Aussage — wie ohne weiteres klar — darin, daß angegeben wird, wieviel Erhebungseinheiten auf die einzelnen Gruppen (z. B. wieviel Personen auf die verschiedenen Altersstufen, Konfessionen, Berufe) entfallen. Häufig empfiehlt es sich aber, noch eine zweite Aussage dadurch zu gewinnen, daß man ein quantitatives Erhebungsmerkmal gruppenweise aufsummiert, also z. B. für die Gewerbezweige und die Größenklassen der gewerblichen Betriebe nicht nur angibt, wieviel Betriebe auf sie entfallen, sondern überdies nachweist, wieviel Personal in diesen Betriebsgruppen beschäftigt ist. Die Aussagen dieser zweiten Art geben oft ein ganz anderes Bild.

Als statistische Aussagen kommen ferner noch Verhältniszahlen und Mittelwerte in Betracht. Verhältniszahlen können häufig in sehr verschiedener Weise gewonnen werden. Die Bevölkerungsdichte wird berechnet, indem man die Bevölkerungszahl mit der Bodenfläche in Beziehung setzt; die letztere kann jedoch verschieden abgegrenzt werden (Ausscheidung der Haffe und Bodden, eventuell Beschränkung auf den produktiven, auf den landwirtschaftlich benutzten Boden). In den Städten kommt die Berechnung einer besonderen „Wohndichte" — durch Beziehung der Bewohnerzahl auf die bebaute, auf die „Hausfläche" (nach Ausscheidung von größeren Wasserflächen, öffentlichen Anlagen, Bahnhöfen) — in Betracht. Die Wohndichtigkeit in den bewohnten Wohnungen können wir ausdrücken: durch die Personenzahl, die durchschnittlich auf eine Wohnung, oder durch jene, welche durchschnittlich auf einen Wohnraum entfällt, schließlich durch den durchschnittlich in den Wohnungen auf den Kopf entfallenden Luftraum. Die Geburtenhäufigkeit können wir ausdrücken: durch die allgemeine Geburtenziffer (Geburtenzahl im Verhältnis zur Gesamtbevölkerung); wir können aber auch eine spezifische Fruchtbarkeitsziffer für die Frauen im „gebärfähigen" Alter berechnen oder besondere Häufigkeitsziffern für verschiedene Teilmassen der Bevölkerung (für konfessionelle oder berufliche Gruppen, Wohlstandsschichten usf.) gewinnen. Es gibt eine ganze Reihe von Relationen zur Charakterisierung der Rentabilität wirtschaftlicher Unternehmungen; daß die Steuerbelastung der Bevölkerung auf verschiedene Art ausgedrückt werden kann, ist eine besonders aktuelle Tatsache.

Auch bei der Gewinnung von Mittelwerten kann sich eine gewisse „Willkür" des Statistikers entfalten. Er kann das Lohnniveau einer Gruppe von Arbeitern durch deren Durchschnittslohn (arihmetrisches Mittel), durch ihren häufigsten Lohn (dichtester Wert) oder durch ihren Medianlohn (Zentralwert) ausdrücken. Kommt ein „gewogenes"

2. „Willkür" im statistischen Verfahren.

Mittel in Frage, so kann er die „Gewichte" (Wichtigkeitskoeffizienten) in verschiedener Weise wählen.

Wie bei der Erhebung, so können auch bei der Bearbeitung verschiedene Verfahrensarten in Frage kommen: zentrale und dezentralisierte Bearbeitung, in technischer Hinsicht Strichelung, Blockverfahren, Legeverfahren, Verwendung von Zählapparaten und Zählmaschinen.

Statistische Zahlenergebnisse werden häufig graphisch dargestellt. Wie sehr da „willkürlich" vorgegangen werden kann, bzw. muß, läßt sich leicht nachweisen. Beim Zeichnen einer statistischen Kurve muß der Statistiker das Verhältnis zwischen den Maßstäben der Abszissen und der Ordinaten willkürlich festsetzen; breite Abszisseneinheiten mit kurzen Ordinateneinheiten lassen die Kurve breit, flach, langgestreckt aussehen; umgekehrt haben kurze Abszisseneinheiten mit langen Ordinateneinheiten eine schmale, zusammengedrängte Kurve zur Folge. Bei einer zeitlichen Reihe z. B. wird im ersteren Falle der Verlauf ziemlich gleichmäßig erscheinen; im zweiten Falle wird die Kurve — bei gleichen ihr zugrunde liegenden Ziffern — starke Schwankungen aufweisen. Der Eindruck, den statistische Kurven hervorrufen, wird ferner stark beeinflußt, wenn bei relativ hoch über der Abszissenachse verlaufenden Kurven nicht die ganzen Ordinaten gezeichnet werden — was in solchen Fällen eine gewisse Raumverschwendung ist — sondern — wie es häufig geschieht — nur die Kurve selbst; ihre Bewegungen erscheinen dadurch stark verschärft. Fügt man zwei Kurven in das nämliche Diagramm, um einen etwaigen Parallelismus aufzudecken, so ist die Wahl der die Konfiguration der beiden Kurven stark beeinflussenden Maßstäbe dem Ermessen des Statistikers anheimgestellt; hat er eine vorgefaßte Meinung, so wird er versucht sein, die Maßstäbe und ihr gegenseitiges Verhältnis so zu bestimmen, daß die nach seiner Meinung vorhandene Gestaltung hervortritt.

So öffnet sich dem forschenden Statistiker bei jedem Schritte immer wieder die Möglichkeit, nach eigenem Ermessen vorzugehen. Manchmal sind sogar ganz verschiedene Wege der Untersuchung möglich, zwischen denen er wählen kann und muß: z. B. Berechnung des Volksvermögens und Volkseinkommens entweder nach der objektiven (realen) oder nach der subjektiven (personalen) Methode, primärstatistische Lohnerhebungen oder Verwertung von für Zwecke der Sozialversicherung verzeichneten Löhnen, Verbrauchsberechnungen mit Hilfe der Produktions- und der Handelsstatistik oder Verbrauchserhebungen durch Befragung der Konsumenten selbst.

Diese Feststellungen über die Möglichkeit statistischer Willkür mögen für manchen Freund der Statistik eine gewisse Enttäuschung bedeuten; wissenschaftliche Wahrheit kann aber niemals unerwünscht sein; sie ist die Voraussetzung des Fortschrittes. Ist nun auf unserem Gebiete ein Fortschritt im Sinne einer **Einschränkung der statistischen „Willkür"** möglich und anzustreben? Einen solchen Fortschritt könnte vor allem eine besser entwickelte statistische **Methodenlehre** herbeiführen. Diese hat ja auch die Aufgabe, Regeln des richtigsten und zweckmäßigsten statistischen Verfahrens aufzustellen. Manches ist auf diesem Wege schon erreicht worden. Von manchen statistischen Methoden und Begriffen wissen wir heute, daß sie verfehlt sind oder sich nicht bewähren. Man hat sich z. B. fast allgemein auf die Erfassung der „ortsanwesenden" Bevölkerung bei den Volkszählungen geeinigt; man hält heute in der Außenhandelsstatistik die Erfassung des Wertes an der Grenze für die relativ richtigste; man hat die Berufs- und Gewerbeschemen, die Nomenklatur der Todesursachen verbessert; man schätzt unter den Mittelwerten den „dichtesten Wert" heute viel mehr als früher usf. Auf manchen Gebieten unterwirft man sich in Deutschland mehr oder weniger allgemein der Autorität der Reichsstatistik oder hält sich an **Vereinbarungen** verschiedener statistischer Stellen, eventuell an internationale Übereinkommen. Aber auf mindestens ebensovielen Gebieten sind die Meinungen noch sehr geteilt; die verschiedenen Begriffe des gewerblichen Betriebes finden ihre Verfechter; ja, es wird neuerdings sogar wieder von manchen Autoren befürwortet, bei der Volkszählung die „Wohnbevölkerung" zu erfassen; man streitet immer wieder darüber, welche Räume bei den Wohnungszählungen berücksichtigt werden sollen, darüber, ob in der Handelsstatistik das Produktions- bzw. Verbrauchsland erfaßt werden soll oder das Land, aus dessen Handel die Ware kommt bzw. nach dem sie verkauft wird; objektive und subjektive Methode der Berechnung des Volksvermögens finden ihre Verteidiger; Indexzahlen für die Bewegung des Preisniveaus werden nach den verschiedensten Methoden berechnet. Daß die statistische Methodenlehre in der Lage wäre, alle methodologischen Fragen eindeutig zu beantworten, für jeden Fall das richtige Vorgehen vorzuschreiben, ist daher für absehbare Zeit nicht zu erwarten. Bindende Regeln gibt es ja auf wissenschaftlichem Gebiete überhaupt nicht. Öffnet sich ein Ausweg vielleicht nach der Richtung, daß in strittigen Fällen die verschiedenen möglichen Begriffsbildungen und Verfahrensarten alle gleichzeitig nebeneinander angewendet und durchgeführt werden sollen, so wie z. B. Helfferich das deutsche Volksvermögen sowohl nach der objektiven als auch nach der subjektiven Methode berechnet hat? Das wird nur in seltenen Fällen möglich sein.

Daher wird es wohl im allgemeinen zunächst so bleiben, daß sich der Statistiker bei der Durchführung einer Statistik sehr häufig im einzelnen Falle selbständig nach bestem Wissen und Gewissen — als wissenschaftliche Persönlichkeit und Individualität — entscheiden muß.

Er darf natürlich niemals tendenziös sein; er darf nicht vorgefaßte Meinungen nachzuweisen wünschen. Statistische Betätigung erfordert nicht nur intellektuelle Befähigung, sondern auch Charakter.

Aber auch der gewissenhafteste Statistiker kann manchmal unbewußt subjektiv sein. Ferner sind statistische Ergebnisse, auch wenn sie mit den besten Methoden gewonnen wurden, oft aus inneren Gründen, infolge der Art der Aussage, einseitig. Und so gibt es eigentlich nur eine wirkliche Abhilfe oder, besser gesagt, nur ein Gegengewicht gegen die „Willkür" der Statistik: In allen statistischen Veröffentlichungen muß vollständig klar und präzis gesagt werden, wie die Ziffern gewonnen wurden, insbesondere welche Begriffe ihnen zugrunde liegen, und wer statistische Daten benutzt, muß — namentlich indem er sich gründlich über die ihnen zugrunde liegenden Begriffe unterrichtet — stets genau beachten, was die Ziffern ihrem Wesen nach besagen, woraus er ersieht, welche Schlüsse er aus ihnen ziehen darf.

3. Warum findet man in der Statistik so oft nicht, was man sucht?

Die Benutzer statistischer Veröffentlichungen machen häufig die Beobachtung, daß sie in den vorliegenden, oft sehr umfangreichen, vielerlei bietenden Tabellen gerade das, was sie suchen, nicht finden können. Zur Beliebtheit der Statistik trägt dies natürlich nicht bei. Wir wollen nun methodologisch klarzustellen versuchen, auf welche wichtigsten Gründe die eben erwähnte unerfreuliche Erscheinung zurückzuführen ist.

Der Fall, daß über eine Erscheinung statistische Daten überhaupt vollständig fehlen — weil über diese Erscheinung eine statistische Erhebung bisher nicht stattgefunden hat —, bedarf keiner weiteren Erörterung; die Statistik ist eben noch vielfach ungenügend entwickelt; ferner kommt es immer wieder vor, daß gesellschaftliche Erscheinungen plötzlich bedeutsam werden, während bisher kein genügender Anlaß vorlag, sie zu untersuchen. Etwas anders liegt die Situation schon, wenn über die betreffende Erscheinung eine Erhebung zwar stattgefunden hat, aber dabei gewisse Besonderheiten der Erscheinung, die jetzt interessieren, nicht berücksichtigt worden sind. Für manche Länder gibt es z. B. keine Statistik der konfessionellen Gliederung der Bevölkerung; es finden dort zwar Volkszählungen statt, aber man fragt bei denselben aus bestimmten Gründen nicht nach der Konfession. Wie im erstgenannten Falle — daß eine Erhebung überhaupt nicht stattgefunden hat — fehlt die statistische Erfassung des interessierenden Problems.

Oft liegt die Sache jedoch so, daß eine Erhebung über das interessierende Problem stattgefunden hat und doch der gewünschte Aufschluß nicht vorliegt; es sind gewisse Ziffern vorhanden, aber, genauer besehen, beantworten sie nicht die dem betreffenden Interessenten vorschwebenden Fragen. Wir sind der Meinung, daß diese Fälle grundsätzlich auf das in den zwei vorstehenden Abschnitten dargelegte Wesen der statistischen Zahlen zurückzuführen sind; diese Zahlen beziehen sich auf bestimmte Begriffe; diese Begriffe können oft in verschiedener Weise — mit einer gewissen statistischen „Willkür" — gebildet werden. Die Benutzer von Statistiken benötigen häufig zahlenmäßige Angaben, die ganz bestimmten Begriffen entsprechen sollen, während die vorliegenden Zahlen von der produ-

3. Warum findet man in der Statistik so oft nicht, was man sucht?

zierenden Statistik unter Zugrundelegung anderer — vielleicht nur relativ wenig abweichender — Begriffe gewonnen worden sind. Der Unterschied wird allerdings manchmal von den Benutzern nicht bemerkt, die dann aus den Zahlen unzulässige Schlüsse ziehen. Wir wollen jedoch präzis denkende Konsumenten der Statistik voraussetzen.

Zunächst kann es vorkommen, daß die Erhebungseinheit der vorliegenden Statistik nicht dem Bedürfnis des „statistischen Interessenten" entspricht. Dieser interessiert sich zum Beispiel für die „Wohnbevölkerung" eines Ortes — für gewisse Probleme, wie z. B. das Ernährungs- oder Wohnungsproblem, kommt es ja auf diese an —, während die vorhandene Statistik die Zahl der „ortsanwesenden" Bevölkerung angibt; er interessiert sich vielleicht für die Gesamtzahl der Armen, während sich die Statistik nur auf die unterstützten Armen bezieht; er benötigt die Gesamtzahl der Arbeitslosen, während die Statistik vielleicht die Zahl der unterstützten Arbeitslosen oder der arbeitslosen Gewerkschaftsmitglieder angibt. Wir erfahren aus der Kriminalstatistik die Zahl der in jedem einzelnen Jahre verurteilten Verbrecher; aber wieviel wegen Verbrechens bestrafte Personen es in einem bestimmten Zeitpunkte insgesamt gibt (was namentlich für die Rückfallstatistik wichtig wäre), können wir nicht ersehen.

Dann kann es leicht vorkommen, daß bei einer statistischen Erhebung ein Erhebungsmerkmal anders verstanden wurde, als es der „statistische Interessent" bei seiner Fragestellung definiert. Er wüßte zum Beispiel gern die Zahl der Erwerbstätigen einschließlich der sämtlichen hauswirtschaftlich tätigen Frauen; die deutschen Berufszählungen fassen jedoch die im eigenen Haushalte tätigen Frauen nicht als berufstätig auf. Oder er interessiert sich für die Größengliederung der Wohnungen ohne Küchen, während die tatsächlich durchgeführte Statistik bei der Erfassung der Wohnungsgröße nach der Zahl der Räume die Küchen (oder doch Küchen gewisser Art) mitberücksichtigt hat. Die österreichische Statistik bot nicht — wie die deutsche Statistik — die Gliederung der Bevölkerung nach der Muttersprache, sondern erhob überhaupt nicht Mutter-, sondern Umgangssprache, wobei gewisse Idiome (z. B. das Friaulische oder das Jiddische) als Kategorien des Erhebungsmerkmals „Umgangssprache" nicht zulässig waren.

Besonders häufig kommt es vor, daß sich ein Benutzer — oder richtiger Benutzungswilliger — der Statistik für eine „Gruppe" interessiert, die er anders abgrenzt als sie bei der Ausarbeitung der vorliegenden Statistik abgegrenzt wurde — mag seine abweichende Abgrenzung auf einer besonderen, vielleicht „willkürlichen" statistischen Auffassung beruhen oder durch ein konkretes praktisches Interesse bedingt sein. Handelt es sich um ein quantitatives Merkmal, so unterscheidet die vorliegende Statistik natürlich Größenklassen von bestimmter Spannweite und bestimmter Lage der Grenzpunkte; der „Interessent" benötigt beziehungsweise wünscht aber vielleicht Aufschlüsse über gewisse engere oder anders gelegte Stufen. Er will — z. B. für den Zweck irgendeiner Fürsorgemaßnahme — wissen, wieviel Kinder unter vier Jahren vorhanden sind; die Statistik gibt aber vielleicht nur an, wieviel Kinder unter sechs Jahren gezählt wurden. Er benötigt die Zahl der Personen im produktiven Alter oder der Frauen im gebärfähigen Alter, hat über die Abgrenzung dieser Gruppenbegriffe jedoch eine andere Auffassung als die tatsächlich durchgeführte Statistik. Er versteht unter „übervölkerten Wohnungen" etwas anderes, als ein bestimmtes statistisches Amt „willkürlich" darunter verstanden hat.

Handelt es sich um ein qualitatives Merkmal, so werden bei der Bearbeitung Gruppen im Sinne einer bestimmten, vom bearbeitenden Statistiker für richtig befundenen systematischen Klassifikation gebildet; aber wieder kann es vorkommen, daß die tatsächlich gebildeten Gruppen den besonderen Bedürfnissen oder Anschauungen des statistischen Interessenten nicht entsprechen. Dieser interessiert sich vielleicht für einen bestimmten Beruf oder ein bestimmtes Gewerbe, das bei der Gruppierung mit anderen Berufen beziehungsweise Gewerben zu einer „Art" vereinigt worden ist; die vorhandenen Zahlen beziehen sich auf diese „Art" als Ganzes. Die deutsche gewerbliche Betriebsstatistik faßt z. B. alle Erzbergwerke mit Ausnahme der Eisenerzbergwerke zu einer „Gewerbeart" zusammen; man kann in der genannten Statistik nichts über die Banken oder die Sparkassen erfahren, denn diese Statistik kennt nur die Gewerbeart „Geld- und Kredithandel", in der Banken, Sparkassen und noch einige verwandte Kategorien von Unternehmungen enthalten sind. So sind Statistiken häufig in ihrer systematischen Klassifikation zu wenig detailliert. Die Nichtübereinstimmung zwischen dem Gesuchten und dem Gebotenen kann aber auch lediglich in der Art der Grenzziehung liegen. Auch wer sich lediglich für den „Geld- und Kredithandel" als Ganzes interessiert, kann unbefriedigt bleiben, wenn er nämlich findet, daß die vorliegende Statistik nicht alle jene Tätigkeiten und nicht nur jene Tätigkeiten in diese „Gewerbeart" einbezogen hat, die nach seiner Meinung hineingehören.

Bei der statistischen Bearbeitung eines Erhebungsmaterials werden, wie schon besprochen, in der Regel die Gruppen nicht lediglich nach Maßgabe je eines Merkmals, sondern mit Kombinierung mehrerer Merkmale — nach Ermessen des die Bearbeitung leitenden Statistikers — gebildet. Auch der statistische Konsument interessiert sich

3. Warum findet man in der Statistik so oft nicht, was man sucht?

in der Regel für gewisse hinsichtlich mehrerer Merkmale näher bestimmte Gruppen; aber die ihm vorschwebende Merkmalskombination befindet sich häufig — eine schmerzliche Erfahrung — nicht unter den von der Statistik tatsächlich gebotenen. Bei der Bearbeitung können ja Merkmale nur in beschränkter Zahl — höchstens vier — kombiniert werden, widrigenfalls die Tabelle ganz unübersichtlich wird. Wer sich — für einen bestimmten Zweck — z. B. für die Zahl der Witwen eines bestimmten Alters, Berufs und Religionsbekenntnisses interessiert, bleibt unbefriedigt, wenn er in der Statistik zwar vielleicht die Zahl der Witwen eines bestimmten Berufs und Alters und in einer anderen Tabelle die Zahl der Witwen einer bestimmten Konfession findet, während jedoch die Kombination dieser sämtlichen Merkmale fehlt. Der Verfasser wurde einmal ersucht, zu untersuchen, ob die Geschlechtsproportion — also der gewisse Knabenüberschuß — der Geborenen irgendwie von der „Ordnungsnummer" der Geburt abhängig sei, d. h. ob der Knabenüberschuß vielleicht verschieden groß sei: bei den Erstgeborenen, bei den Zweitgeborenen usf. Es fanden sich nun Tabellen mit Gliederung der Geborenen nach ihrer Ordnungsnummer; es fanden sich andere Tabellen mit deren Gliederung nach dem Geschlechte; es fand sich jedoch keine Kombination beider Gliederungen, welche das in Rede stehende Problem beleuchtet hätte. In der deutschen Berufsstatistik fehlt die Kombination zwischen Nebenerwerb und Alter, so daß wir die „Kinder" mit Nebenerwerb nicht feststellen können. Manchmal ist in einer Statistik eine Kombination zwar berücksichtigt worden, aber nur mit gewissen Einschränkungen; in der gewerblichen Betriebsstatistik werden gewisse Details — z. B. die Zahl der Zweigniederlassungen — nur für die — umfassenderen — „Gewerbegruppen" und nicht für alle „Gewerbearten" dargestellt; die Häufigkeit von Zweigniederlassungen in den einzelnen Gewerbearten ist „nicht zu finden". Die deutsche Kriminalstatistik bietet die „persönlichen Verhältnisse" der Verurteilten nicht für die sämtlichen einzelnen Delikte des „Ausführlichen Verzeichnisses", sondern nur für die, verwandte Straftaten zu gemeinschaftlichen Nummern zusammenfassenden Positionen des „Abgekürzten Verzeichnisses".

Zur Kombinierung sachlicher Merkmale kommt noch oft die Kombinierung mit dem geographischen, eventuell mit dem zeitlichen Moment. In der Regel stehen nun in den statistischen Veröffentlichungen die sachliche Detaillierung einerseits und die geographische sowie zeitliche andererseits in entgegengesetzter Proportion, d. h. Tabellen mit weitgehendem sachlichen Detail sind geographisch beziehungsweise zeitlich nur wenig gegliedert, während für kleine Bezirke und kurze Zeitabschnitte sachlich nur relativ wenige Hauptdaten vorliegen.

3. Warum findet man in der Statistik so oft nicht, was man sucht?

Wer sich nun für ein bestimmtes sachliches Detail, und zwar mit der Beschränkung auf einen bestimmten kleinen Bezirk oder Zeitabschnitt, interessiert, z. B. für die Größengliederung der gewerblichen Betriebe eines bestimmten kleinen Bezirks oder für die berufliche Sterbenshäufigkeit in einem bestimmten Monat, wird kaum jemals in der Statistik den gesuchten Aufschluß finden.

Trotzdem ist die Lage manchmal nicht hoffnungslos. Denn Benutzer der Statistik greifen in der Regel zunächst nach „Statistischen Jahrbüchern"; diese enthalten aber doch nur Auszüge aus den eigentlichen Quellenwerken, und zwar besteht die Kürzung häufig gerade darin, daß im Statistischen Jahrbuch gewisse Kombinationen nicht wiedergegeben werden, sondern nur die Gliederungen nach je einem Merkmal. Im Statistischen Jahrbuch für das Deutsche Reich wird z. B. die Statistik des auswärtigen Handels einerseits nach Warengattungen, andererseits — in einer anderen Tabelle — nach Herkunfts- und Bestimmungsländern dargestellt; nur im Quellenwerk — also in den handelsstatistischen Bänden der „Statistik des Deutschen Reichs" — findet sich die, natürlich viele hundert Seiten umfassende, Länder und Warengattungen kombinierende Darstellung, in der also der Handelsverkehr Deutschlands mit jedem einzelnen fremden Lande wieder nach Warengattungen gegliedert ist. Manchmal ist eine Kombination zwar aufgearbeitet, aber zwecks Kostenersparnis nicht veröffentlicht worden; die gewünschte Auskunft wird in den Bearbeitungshilfstabellen — falls diese aufbewahrt wurden — zu finden sein.

Die Nichtübereinstimmung zwischen dem Gesuchten und dem von der Statistik Gebotenen kann schließlich in der Art der Aussage liegen — denn für die gleichen Gruppen können ja sehr verschiedenartige Angaben gemacht werden, und gerade darüber, welche Angaben geeignet sind, bestimmte Gruppen zu charakterisieren, sind die Meinungen oft geteilt. Eine Einkommensstatistik, welche lediglich die Zahl der auf die einzelnen Einkommensstufen entfallenden Zensiten bietet, würde jenen nicht befriedigen, der das auf die einzelnen Einkommensstufen entfallende — „aufsummierte" — Gesamteinkommen für besonders wichtig hält. Manchmal kommen für gruppenweise „Aufsummierung" mehrere Merkmale in Betracht; der statistische Konsument interessiert sich vielleicht für ein anderes als jenes, welches die Statistik nachweist; in der Grundbesitzstatistik z. B. kann — bei der Darstellung der Größenverhältnisse — neben der Zahl der auf die einzelnen Stufen entfallenden Besitzungen entweder die auf jede Stufe entfallende gesamte Bodenfläche oder der auf jede Stufe entfallende gesamte Ertrag (dem Geldwerte nach) für maßgebend gehalten werden.

Namentlich hinsichtlich der als Aussagen auftretenden Verhältniszahlen sind sehr verschiedene Wünsche möglich; man denke an die

3. Warum findet man in der Statistik so oft nicht, was man sucht?

verschiedenen Häufigkeitszahlen in der Statistik der Bevölkerungsbewegung, an die verschiedenen Relationen zur Charakterisierung der Wohndichte oder der Rentabilität von Aktiengesellschaften oder der Lage des Arbeitsmarktes. Ähnliches gilt für die Mittelwerte. Eine Lohnstatistik kann darin bestehen, daß für die Arbeiter der einzelnen Berufe Durchschnittslöhne angegeben werden; der „statistische Interessent" wünscht jedoch die häufigsten Löhne zu kennen — oder er findet vielleicht eine Mittelwertangabe überhaupt für unzulänglich und fordert Lohnstufenangaben. Eine Preisstatistik bietet vielleicht gewöhnliche Durchschnittspreise, während der Interessent in bestimmter Weise gewogene Durchschnittspreise für richtig hält.

Was ergibt sich aus den vorstehenden Ausführungen? Es gilt, durch Ausbau der modernen Statistik möglichst aufschlußreiche statistische Veröffentlichungen zu erzielen. Die statistische Methodenlehre wird auf vielen Gebieten feststellen können, welche Begriffe — der Erhebungseinheit, der Erhebungsmerkmale, der statistischen Gruppen und Aussagen — besonders wertvolle und beweiskräftige Daten in den verschiedenen Zweigen der Statistik ergeben. Wenn sich dann sowohl die produzierende Statistik als auch die statistischen Interessenten an die Lehren der statistischen Methodenlehre halten, werden viele jener Fälle, in denen man in der Statistik, was man sucht, „nicht findet", verschwinden. Allein auf allen Gebieten wird die statistische Methodenlehre doch in absehbarer Zeit nicht eindeutige Regeln — über die richtigen und zweckmäßigsten Begriffe — aufstellen und ihnen allgemeine Anerkennung verschaffen können. Daher wird es wohl auch noch in Hinkunft häufig vorkommen, daß Interessenten mit durch besondere Anschauungen bedingten besonderen Wünschen an die Statistik herantreten und das Gewünschte nicht finden. Ferner sind die praktischen Bedürfnisse der Benutzer der Statistik ungemein mannigfaltig; spezielle administrative und erwerbswirtschaftliche Zwecke können zu ganz unerwarteten und unberechenbaren Fragestellungen führen, für welche die Statistik nicht allseitige Vorsorge treffen kann. Statistische Interessenten, die in konkreten Statistiken nicht alle Fragen beantwortet, nicht alle Wünsche erfüllt finden, werden, wenn sie die Situation methodologisch, so wie wir sie darzulegen versucht haben, verstehen, den Stab über die Statistik nicht brechen, sondern ihre Leistungen ebenso wie ihre Lücken richtig einschätzen.

4. Die statistische Vergleichbarkeit.

Wir können gesellschaftliche Erscheinungen in der Regel erst auf Grund gewisser Vergleiche richtig beurteilen. Massenerscheinungen können wir jedoch nicht unmittelbar vergleichen, sondern statistische Zahlen treten als ihre Repräsentanten auf. Statistische Zahlen sind aber, wie wir wissen, abhängig von den ihnen zugrunde liegenden Begriffen; je nach den gewählten Begriffen — der Erhebungseinheit usf. — kann sich über die gleiche gesellschaftliche Massenerscheinung eine verschiedene Ziffer ergeben. Vergleichen wir mehrere voneinander unabhängige, z. B. aus den Statistiken verschiedener Länder stammende statistische Zahlen, so kann die sich zeigende Differenz sowohl von einer — „materiellen" — Verschiedenheit in den gesellschaftlichen Erscheinungen selbst, als auch von — „formalen" — Verschiedenheiten in den Begriffen, die den verglichenen Zahlen zugrunde liegen, herrühren. Nun wollen wir aber doch die Erscheinungen selbst — wenn auch durch das Medium statistischer Zahlen — vergleichen, **wir wollen etwaige materielle Unterschiede aufdecken**. Dies ist nur möglich, wenn wir solche Zahlen einander gegenüberstellen können, bei denen die — neben der materiellen Verschiedenheit der Erscheinungen selbst — mögliche zweite Ursache der Differenz: verschiedene statistische Begriffe, nicht in Frage kommt. „**Vergleichbar**" — im Hinblick auf das stets angestrebte Ziel sozialwissenschaftlichen materiellen Aufschlusses — sind daher nur statistische **Zahlen, welche hinsichtlich der ihnen zugrunde liegenden Begriffe vollkommen übereinstimmen**. Zahlen von verschiedenem methodologischem Charakter sind „nicht vergleichbar"; sie lassen keinen Schluß auf die betreffenden gesellschaftlichen Erscheinungen zu; wir wissen nicht, ob eine sich zeigende zahlenmäßige Differenz von materiellen Verschiedenheiten in den betreffenden Erscheinungen herrührt oder lediglich die Folge formaler Unterschiede ist. Zeigt sich z. B. eine Zunahme von einer Zählung zur anderen, so kann diese bei nicht vergleichbaren Zahlen eine bloß scheinbare (fiktive) sein; es kann sich ferner eine scheinbare Zunahme mit einer wirklichen Veränderung verbinden, ohne daß wir die beiden Komponenten trennen könnten. Nichtvergleichbare Zahlen können natürlich korrekterweise auch nicht addiert werden.

Statistische Vergleiche sind somit an die Voraussetzung gebunden, daß „vergleichbare", d. h. in ihren methodologischen Begriffen übereinstimmende, „methodologisch gleichartige" Zahlen vorhanden sind.

4. Die statistische Vergleichbarkeit.

Die Wichtigkeit des Problems der statistischen Vergleichbarkeit ergibt sich aus der außerordentlichen Rolle, welche Vergleiche in der Statistik spielen. Der Vergleich ist „die Seele der Statistik" (Schott). Es kommen in Betracht: geographische (räumliche, interlokale, eventuell internationale) Vergleiche (Vergleich z. B. der Geburtenhäufigkeit im eigenen Lande mit jener in anderen Ländern), zeitliche Vergleiche (Vergleich der gegenwärtigen Geburtenhäufigkeit mit jener der Vergangenheit) und Vergleiche zwischen in irgendeiner Hinsicht sachlich sich unterscheidenden Massen bzw. Teilmassen (Geburtenhäufigkeit in Stadt und Land, in verschiedenen Wohlstandsschichten, bei verschiedenen Konfessionen usf.). Differieren die Zahlen — „vergleichbare" Zahlen vorausgesetzt —, d. h. unterscheiden sich die verglichenen Erscheinungen, sei es ihrer Größe, sei es ihrer Zusammensetzung oder Intensität nach, so bedeutet dies, wenn genügend große Beobachtungsmassen erfaßt worden sind, so daß das „Gesetz der großen Zahlen" wirksam werden konnte, daß auf die verglichenen Erscheinungen irgendwie differierende allgemeine Ursachenkomplexe einwirken.

Besonders wichtig sind Vergleiche, weil sie — aber natürlich wieder nur, wenn „vergleichbare" Zahlen vorliegen — zur Feststellung von statistischen Regelmäßigkeiten und Gesetzmäßigkeiten führen. Durch Vergleich der Zahlen einer zeitlichen Reihe können wir eventuell eine Konstanz, eine Entwicklungstendenz oder Periodizität aufdecken; der Vergleich verschiedener Länder kann eine bedeutsame internationale Übereinstimmung oder charakteristische Verschiedenheiten ergeben; der Vergleich sachlich in bestimmter Weise sich unterscheidender Massen (Teilmassen) — z. B. der Sterbenshäufigkeit einerseits der Männer, andererseits der Frauen, oder der Sterbenshäufigkeit in verschiedenen Berufsgruppen oder Wohlstandsschichten — kann unter gewissen Voraussetzungen ermöglichen, die betreffende sachliche Verschiedenheit — Geschlecht, Beruf, Wohlstand — als ein die betreffende Erscheinung (Sterbenshäufigkeit) beeinflussendes kausales Moment nachzuweisen; Voraussetzung ist, daß sich die verglichenen Massen nur und ausschließlich hinsichtlich dieses Merkmals unterscheiden, daß das kausale Moment „isoliert" ist. So bilden die statistischen Vergleiche die Brücke von der bloßen Tatsachenfeststellung zum Forschen nach Regelmäßigkeiten und Gesetzmäßigkeiten. Alle statistischen Vergleiche sind aber, wie schon erwähnt, an die Voraussetzung gebunden, daß „vergleichbare" Zahlen vorliegen. Mit Rücksicht auf die Wichtigkeit der statistischen Vergleiche ist es für die statistische Methodenlehre jedenfalls unerläßlich, sich mit dem Wesen der „vergleichbaren" Zahlen gründlich auseinanderzusetzen.

4. Die statistische Vergleichbarkeit.

Die statistische Vergleichbarkeit haben wir als die begriffliche Übereinstimmung statistischer Zahlen definiert. Man gebraucht die Bezeichnung allerdings auch manchmal in anderen Bedeutungen. Wenn man z. B. sagt, die Heiratsziffern von Stadt und Land seien nicht „vergleichbar", weil die Bevölkerung in Stadt und Land einen verschiedenen Altersaufbau habe, so meint man damit nicht, daß den genannten Ziffern verschiedene Begriffe zugrunde lägen, daß sie methodologisch nicht gleichartig seien — die Ziffern können vielmehr begrifflich einwandfrei übereinstimmen —, sondern man will ausdrücken, daß die Heiratsziffer im vorliegenden Falle kein richtiger, beweiskräftiger Vergleichsmaßstab sei, vielleicht, weil man z. B. die spezifische Eheschließungshäufigkeit — welche die Eheschließungen nicht mit der Gesamtbevölkerung, sondern mit der nach Alter und Familienstand heiratsfähigen Bevölkerungsteilmasse in Beziehung setzt — für zweckmäßiger hält. Man könnte da eventuell im Gegensatz zu unserer „formalen", begriffliche Übereinstimmung fordernden „Vergleichbarkeit" von einer gewissen „materiellen" Vergleichbarkeit bzw. Nichtvergleichbarkeit sprechen. Wieder eine andere Kategorie von Nichtvergleichbarkeit liegt vor, wenn z. B. gesagt wird, die Durchschnittslöhne einerseits der Männer, andererseits der Frauen seien nicht „vergleichbar", weil sich Frauen und Männer nicht in gleicher Weise auf die verschiedenen Berufe und Arbeitskategorien verteilen; auch in diesem Falle ist nicht die „formale" Vergleichbarkeit in unserem Sinne gemeint, sondern wer so spricht, will ausdrücken, daß der Vergleich den kausalen Einfluß des Geschlechts auf die Lohnhöhe nicht beweisen könne, weil der Faktor „Geschlecht" nicht isoliert sei. Auch hier läge höchstens in einem gewissen weiteren Sinne „materielle" Nichtvergleichbarkeit vor. Wir befürworten jedoch — im Interesse der Präzisierung der statistischen Terminologie — dringend, die Bezeichnung „Vergleichbarkeit" nur im Sinne von „formaler" Vergleichbarkeit zu gebrauchen, in anderen Fällen dagegen überhaupt nicht von „Vergleichbarkeit" zu sprechen, sondern das methodologische Problem direkt — z. B. so wie wir es eben taten — zu bezeichnen[1]).

---

[1]) Übrigens wird auch der Ausdruck „vergleichen" manchmal für Dinge gebraucht, wo er ganz und gar nicht am Platze ist; da wird z. B. gelegentlich etwa gesagt, „es komme nicht nur auf die Bevölkerungszahl an, man müsse diese mit der Bodenfläche vergleichen"; gemeint ist lediglich, daß die absolute Bevölkerungszahl für den vorschwebenden Zweck nicht genüge, daß eine Verhältniszahl — die Bevölkerungsdichte — berechnet werden müsse; dazu muß man die Bevölkerung mit der Bodenfläche „in Beziehung setzen" — nicht „vergleichen" — denn Bevölkerung und Bodenfläche sind viel zu ungleichartig, als daß sie verglichen werden könnten. Aber vergleicht man nicht doch manchmal ganz verschiedene Dinge, namentlich wenn man einen gewissen Zusammenhang zwischen ihnen vermutet, z. B. Arbeitslosigkeit (als Symptom der Wirtschaftslage) und Eheschließungshäufigkeit in ihrem zeitlichen Verlaufe? Allein man vergleicht dabei doch nur immer einerseits die Arbeitslosigkeit von einem Jahr

4. Die statistische Vergleichbarkeit.

Überaus wichtige Aufgaben der statistischen Forschung erfordern, wie dargelegt, „vergleichbare" Zahlen, wobei wir lediglich die „formale" Vergleichbarkeit im Auge haben und nur sie weiterhin behandeln. Wieso kommt es, daß so häufig statistische Zahlen nicht vergleichbar sind? Weil bei ihrer Gewinnung hinsichtlich der zugrunde gelegten Begriffe in verschiedener Weise — mit einer gewissen „Willkür" — vorgegangen werden kann und sehr häufig verschieden vorgegangen wird, bzw. weil bei sekundärer Statistik die von der Statistik verwerteten administrativen Feststellungen und Aufzeichnungen sehr häufig den divergierenden Rechts- und Verwaltungsvorschriften des vorstatistischen Stadiums gemäß verschiedenen begrifflichen Charakter tragen. Die Situation ist der des „Nichtfindens" (vgl. die vorstehende Abhandlung) sehr verwandt. In diesem letzteren Falle sucht man eine statistische Zahl, die bestimmten Begriffen entsprechen soll; die vorliegenden statistischen Veröffentlichungen bieten sie aber nicht; bei „nichtvergleichbaren" Zahlen besitzt man zwar statistische Zahlen — sogar zwei oder mehr —, aber sie divergieren begrifflich; zu jeder derselben findet man nicht den mit ihr begrifflich übereinstimmenden Vergleichswert.

„Vergleichbare" Zahlen müssen hinsichtlich aller methodologisch bestimmenden Begriffe (Erhebungseinheit usf.) übereinstimmen — natürlich mit Ausnahme des sie differenzierenden zeitlichen, geographischen oder sachlichen Momentes. Diese Forderung und die in der wirklichen statistischen Praxis auftretenden Hindernisse und Störungen der Vergleichbarkeit sollen nun etwas näher erörtert und durch Beispiele belegt werden.

Vor allem müssen statistische Zahlen, um vergleichbar zu sein, hinsichtlich des Begriffs der Erhebungs-(Zähl-)einheit übereinstimmen. Wenn die deutsche und die österreichische Statistik den Begriff des gewerblichen Betriebs verschieden auffassen, und zwar in der Weise, daß die deutsche Statistik technische Homogenität verlangt, verschiedenartige tatsächlich vereinigte Gewerbe daher als mehrere Betriebe zählt, während die österreichische Statistik die wirtschaftliche Einheit als maßgebend ansieht und aus mehreren Gewerben zusammengesetzte Betriebe anerkennt, so wurde in Österreich zweifellos in vielen Fällen nur ein Betrieb gezählt, in denen die deutschen Erhebungen mehrere Betriebe, mehrere Erhebungseinheiten als gegeben

---

(oder Monat) zum andern und andererseits die Heiratsziffer von einem Jahr (Monat) zum andern und konstatiert schließlich, ob die Veränderungen — d. s. die Vergleichsergebnisse in jeder Reihe für sich, unbenannte Zahlen wie z. B. 20%ige Zunahme — in beiden Reihen übereinstimmen oder nicht. Daher bleibt doch unwiderlegt, daß nur sachlich Gleichartiges verglichen werden kann — und zwar nur mittelst (formal) „vergleichbarer" (methodologisch gleichartiger) statistischer Zahlen.

angesehen und gezählt hätten; die österreichische Statistik muß daher unter sonst gleichen Umständen aus dem formalen Grunde der begrifflichen Verschiedenheit der Erhebungseinheit weniger Betriebe, aber verhältnismäßig größere Betriebe aufweisen. Die Unterschiede in den „nichtvergleichbaren" Zahlen spiegeln also nicht ausschließlich wirkliche wirtschaftliche Verschiedenheiten wieder, sondern sie sind mindestens teilweise lediglich der Reflex verschiedenen methodologischen Vorgehens. Zählungen der Haushaltungen und Wohnungszählungen, welche nicht den gleichen Begriff der Haushaltung bzw. der Wohnung zugrunde gelegt haben, sind nicht vergleichbar; die größere Ziffer kann lediglich formale Gründe haben. Preisstatistiken sind nur vergleichbar, wenn sich die Angaben nicht nur auf die gleichen Warengattungen, sondern auch auf die gleichen Qualitäten beziehen; wo das nicht der Fall ist, können auch keine korrekten Durchschnittspreise für umfassendere Gebiete berechnet werden. Wenn die deutsche Brandstatistik ursprünglich Bagatellbrände mit bis drei Mark Schaden, später aber Brände mit bis zehn Mark Schaden in die Erhebung nicht einbezog, so waren die dem Zeitpunkt der Heraufsetzung der Untergrenze folgenden Jahresziffern mit den früheren nicht mehr „vergleichbar"; ein Rückgang der Zahl der Brände ließ keinerlei materiellen Schluß zu, sondern konnte die bloße Konsequenz der abgeänderten Definition der Erhebungseinheit sein. Von Einfluß kann auch der Stichtag sein. Zählungen in verschiedenen Jahreszeiten sind, wenn es auf die allgemeine, sekuläre Entwicklung ankommt, auf jenen zahlreichen Gebieten, auf denen die Jahreszeit einwirkt, nicht vergleichbar.

Entspringen verschiedene Begriffsdefinitionen bei primärer Statistik der „Willkür" der Statistik, so sind sie bei sekundärer Statistik die Folge verschiedenartiger Rechts- und Verwaltungsnormen in verschiedenen Ländern bzw. zu verschiedenen Zeiten. Aus verschiedenartigen Einkommensteuergesetzen gehen nichtvergleichbare Einheiten (Zensiten) in die Einkommensstatistiken über. Die Zahlen der Ehescheidungen verschiedener Länder mit stark abweichendem Ehescheidungsrecht (mit größerer oder geringerer Zahl von Scheidungsgründen) ermöglichen keinen Schluß auf das Ausmaß der Neigungen zur Ehescheidung in der Bevölkerung.

Ferner müssen die Erhebungsmerkmale begrifflich übereinstimmen. Wenn verschiedene Berufszählungen das Merkmal „hauptberuflich erwerbstätig" verschieden definiert haben, so sind die Ergebnisse natürlich nicht vergleichbar; die Ziffern lassen keinen Schluß auf die gesellschaftliche Erscheinung zu. Die Zunahme der Frauenarbeit, welche sich bei der Berufszählung des Jahres 1907 ergab, war zweifellos teilweise eine scheinbare; im Jahre 1907 wurden viele Personen infolge der etwas veränderten Definition der „mithelfenden

4. Die statistische Vergleichbarkeit. 33

Familienangehörigen" als solche „mithelfende Familienangehörige" gezählt, die man bei den früheren Berufszählungen nicht als solche aufgefaßt hatte, und da unter den mithelfenden Familienangehörigen Frauen besonders stark vertreten sind, resultierte — neben der aus anderen Quellen nachweisbaren wirklichen — auch eine nur scheinbare Zunahme der Frauenarbeit. Wurde bei mehreren Wohnungszählungen das Merkmal „Größe der Wohnung" insofern verschieden verstanden, als die Abgrenzung der dabei zu berücksichtigenden Räume schwankte, so sind die Daten nicht vergleichbar. Sprachenstatistische Daten sind nicht vergleichbar, wenn ein Land die Mutter-, ein anderes die Umgangssprache erhebt. — Ein Beispiel aus dem Bereiche der sekundären Statistik: Wenn bei der Rekrutierung unter „tauglich" etwas Verschiedenes verstanden wurde — in verschiedenen Ländern oder auch im gleichen Lande zu verschiedenen Zeiten, z. B. bei verändertem Rekrutenbedarf —, so sind natürlich auch die Zahlen der „Tauglichen" nicht vergleichbar.

Quantitative Erhebungsmerkmale sind benannte Zahlen: Altersangaben erfolgen in Jahren, Angaben der Körperlänge in Zentimetern, die Größe der Seeschiffe wird in Registertonnen, jene landwirtschaftlicher Betriebe in Hektaren, jene gewerblicher Betriebe durch die Zahl der „beschäftigten Personen", jene von Haushaltungen durch deren Mitgliederzahl ausgedrückt usf.; sehr viele quantitative Erhebungsmerkmale bestehen in Geldwertangaben (im Sinne einer bestimmten Landeswährung): Einkommen, Lohnhöhe, Preis, Größe des Aktienkapitals usf., in Deutschland natürlich in Mark. Quantitative Erhebungsmerkmale sind natürlich nur vergleichbar, wenn auch die betreffenden Maßeinheiten übereinstimmen. Dies ist in der Regel der Fall; denn das Jahr, das Zentimeter, die Registertonne, das Hektar usf. sind eindeutige, internationale, unveränderliche Maße. Allein wenn wir z. B. die Größe von Haushaltungen durch deren Personenzahl, die Größe von Wohnungen durch die Zahl ihrer Räume ausdrücken, so sind Personen — wenn verschiedenen Geschlechts und Alters — und Räume — wenn von verschiedener Größe und Lage — für gewisse Zwecke nicht gleichwertig; daher der Versuch, derartige Einheiten auf einen gleichen Nenner zu bringen (Berechnung von Konsumeinheiten, Quets, von „Güteziffern" für Wohnungsbestandteile im Sinne von Ritzmann) [1]. Ferner ist ein Maßstab in letzter Zeit, namentlich im Deutschen Reich, vollends ins Wanken geraten: das Geld; die Mark hat die Goldbasis verloren, sie schwankt sozusagen von Tag zu Tag ihrem

---

[1] Vgl. F. Ritzmann, Maßstäbe zum Vergleich der Wirtschaftsrechnungen von Familien verschiedener Kopfstärke, Archiv f. soz. Hygiene, 1910, S. 255, und W. Felds Besprechung dieser Abhandlung im Deutschen statist. Zentralblatt 1919, S. 68.

Tauschwerte nach, fremdem Gelde gegenüber, und ihrer Kaufkraft im Inlande nach. So haben neuerdings alle in Geld (Mark) ausgedrückten statistischen Angaben ihre zeitliche Vergleichbarkeit eingebüßt. Wir können heutige Einkommen, Löhne, Preise usf., in „Papiermark" ausgedrückt, nicht mit den entsprechenden Ziffern aus der Vorkriegszeit, ja nicht einmal mit den Ziffern des vorigen Jahres oder Monates vergleichen. Alle statistischen Zahlen in „Goldmark" umzurechnen, ist sehr umständlich und auch nicht frei von Willkür.

Auch **Verschiedenheiten des Erhebungsverfahrens** können die Vergleichbarkeit stören. Wenn z. B. bei den zu vergleichenden Erhebungen verschiedene Kategorien von Auskunftspersonen — einerseits Arbeitgeber, andererseits Arbeitnehmer, oder einerseits Verkäufer, andererseits Käufer — befragt wurden, so kann dies die Ziffern jeder der beiden Erhebungen schon etwas, und zwar in verschiedenem Sinne, beeinflußt haben. Zu beachten ist auch der **Umfang der Beobachtungsmasse**; streng genommen sind nur solche statistische Zahlen vergleichbar, die sich auf gleichgroße Beobachtungsmassen beziehen, bei denen also das Gesetz der großen Zahlen gleichstark wirksam gewesen ist.

Besonders häufig behindert **ungleiche Gruppenbildung** die Vergleichbarkeit. Größenklassen sind nur dann vergleichbar, wenn sie hinsichtlich der Spannweite und der Lage der Grenzpunkte übereinstimmen. Wie häufig ist dies aber nicht der Fall! Namentlich beim Vergleich von Statistiken verschiedener Länder. Wir können z. B. gegenwärtig viele Länder nicht einmal hinsichtlich der Zahl der Städte vergleichen, weil die Statistiken dieser Länder die Grenze zwischen Stadt und Land verschieden ziehen. Wenn verschiedene Statistiken die „produktiven Altersklassen" oder die „überfüllten Wohnungen" verschieden abgrenzen, so ist ein Vergleich natürlich nicht möglich. Ganz ähnlich ist es bei den zur Überwindung qualitativer Mannigfaltigkeiten gebildeten Gruppen. Diese können infolge der „Willkür" der Statistik sehr verschieden aufgebaut werden, und dies ist tatsächlich in weitestem Ausmaß der Fall; jedes Land hat sozusagen seine eigene systematische Klassifikation der Berufe und der Gewerbe, seine besondere handelsstatistische Gruppierung der Warengattungen, seine besondere Nomenklatur der Todesursachen, seine Gliederung der Genossenschaften nach dem Gegenstande des Unternehmens, der Patente nach dem Objekte der Erfindung usf. Die Bezeichnungen der Gruppen sind übrigens vielfach nicht entscheidend; auch gleich bezeichnete Gruppen können verschiedenen Umfang haben. Wir müssen wissen, wie gewisse, immer vorhandene Grenz- und Übergangsfälle behandelt worden sind. Für die großen Berufs- und Gewerbezählungen ist dies aus deren systematischen Verzeichnissen

4. Die statistische Vergleichbarkeit.

der Berufe beziehungsweise der Gewerbe zu ersehen; vielfach finden wir aber in den Veröffentlichungen keinen Aufschluß. Außer internationalen Vergleichen sind aber auch zeitliche im selben Lande oft sehr erschwert; so wurden im Laufe der Jahre in Deutschland das Berufs- und das Gewerbeschema und die handelsstatistische Warengruppierung mehrmals abgeändert. Es kann auch vorkommen, daß im gleichen Lande verschiedene Stellen verschiedene Klassifikationen anwenden; z. B. das Reichsgesundheitsamt, die preußische Landesstatistik und die deutschen Städte hinsichtlich der Todesursachen.

Internationale Verschiedenheiten der Gruppierung entstehen manchmal dadurch, daß die Statistiken der einzelnen Länder auf gewisse außerstatistische Operate Bedacht nehmen müssen; so bilden die Einkommensstatistiken ihre Größenklassen der Einkommenshöhe unter Bedachtnahme auf die Stufen der Einkommenssteuergesetze; die Handelsstatistiken verschiedener Länder schließen sich bei der Warengruppierung an die — von Land zu Land schwankende — Gliederung der Zolltarife an; die Gruppierung der Kriminalstatistik ist durch die Struktur des Strafgesetzes des einzelnen Landes bedingt; die Finanzstatistik muß sich überall im wesentlichen an den Aufbau der Etats (Budgets) und der Rechnungsausweise anschließen; daraus resultieren die bekannten großen Schwierigkeiten internationaler kriminal- und finanzstatistischer Vergleiche.

Um vergleichbar zu sein, müssen statistische Gruppen nicht nur sachlich, sondern auch, sofern dies in Frage kommt, räumlich und zeitlich übereinstimmen. Hat eine Stadt durch Eingemeindung von früher selbständigen Nachbargemeinden ihre Grenzen vorgeschoben, so sind spätere, für das erweiterte Territorium berechnete statistische Daten mit früheren Statistiken nicht mehr vergleichbar. Die zeitliche Zusammenfassung erfolgt in der Regel nach Monaten und Jahren; gewisse Monate sind aber verschieden lang und daher nicht einwandfrei vergleichbar. Ergibt sich für Februar anderen Monaten gegenüber eine geringere Zahl (z. B. von Geburten usf.), so kann das Minus von der besonderen Kürze des Februars herrühren.

Schließlich kann sich bei Vergleichen herausstellen, daß zwar die Gruppen, jede für sich, übereinstimmen und vergleichbar sind, daß aber keine Kombinationen gleicher Art vorliegen.

Was die Art der Aussage anlangt — statistische Zahlen müssen, um vergleichbar zu sein, natürlich auch in diesem Punkte übereinstimmen —, so liegt hierin relativ selten ein Hindernis. „Zahl der Fälle" und „Gesamtmenge eines Erhebungsmerkmals" sind die häufigsten und logisch meist ganz eindeutigen Aussagen. Handelt es sich um den Vergleich von Mittelwerten, so können natürlich nur Mittelwerte der gleichen Kategorie einander gegenübergestellt werden, nicht vielleicht der Durchschnittslohn einer Arbeitergruppe dem häufigsten Lohne einer anderen. Verhältniszahlen sind nur vergleichbar, wenn genau die gleichen Massen in Beziehung gesetzt wurden. Liegen aus verschiedenen Statistiken Ziffern über „Wohndichtigkeit" oder Rentabilität von Aktiengesellschaften vor, so muß man sich zuerst überzeugen, ob sie in gleicher Weise berechnet worden sind.

Vergleiche sind somit an eine ganze Reihe von Voraussetzungen geknüpft; Zahlen, die auch nur hinsichtlich eines zugrundeliegenden statistischen Begriffs nicht übereinstimmen, sind in der Regel schon nicht mehr vergleichbar. Häufig treffen mehrere Gründe der Nichtvergleichbarkeit zusammen. Die Handelsstatistiken verschiedener Länder z. B. differieren vor allem hinsichtlich der Erhebungsmerkmale (der Warensendungen): Wert und Herkunfts- und Bestimmungsland, ferner hinsichtlich der Warengruppierung, hinsichtlich der Abgrenzung von Spezial-, Gesamteigen- und Generalhandel. Die Berufsstatistiken verschiedener Länder differieren hinsichtlich des Stichtages; sie weisen verschiedene Klassifikationen der Erhebungseinheiten (Einwohner) nach der Art des Berufs und nach der sozialen Stellung im Beruf auf; auch die Auffassungen über Hauptberuf und Nebenerwerb differieren teilweise. Wollen wir die Ziffern, die in verschiedenen Ländern für das Volksvermögen berechnet worden sind, vergleichen, so zeigt sich, daß meist wesentlich verschiedene Methoden — mit verschiedenartigen statistischen Begriffen — angewendet wurden.

Gelegentlich sind Komplexe von statistischen Daten zwar grundsätzlich nicht einwandfrei miteinander vergleichbar; aber es zeigt sich, daß gewisse Ergebnisse durch den formalen Mangel mehr, andere weniger berührt werden. Im Jahre 1913 wurde die Brandstatistik auf Brände mit mindestens zehn Mark Schadenswert eingeschränkt, während bis dahin Brände schon einbezogen wurden, wenn der Schaden auch nur drei Mark überstieg; durch diese Abänderung des Begrifffs der Erhebungseinheit wurde zweifellos die zeitliche Vergleichbarkeit der ganzen Brandstatistik gestört. Tatsächlich ging im nächsten Jahre die Zahl der statistisch gezählten Brände zurück; der gesamte Schadenswert dagegen fiel nicht; ihn hat die Heraufsetzung der Untergrenze offenbar deshalb nicht wesentlich beeinflußt, weil die vielen durch diese Heraufsetzung aus der Statistik eliminierten „Bagatellbrände" — einzeln und zusammen — keinen großen Schadenswert repräsentierten. Von den beiden Aussagen „Zahl der Brände" und „Gesamtschaden der Brände" hat die letztere im Gegensatz zur ersteren hinsichtlich der Vergleichbarkeit kaum gelitten.

Manchmal lassen sich ferner auch in sonst nicht vergleichbaren Statistiken gewisse einzelne Aussagen finden, die aus besonderen

Gründen doch verglichen werden können. Die verschiedene Definition des Begriffs des gewerblichen Betriebs in Deutschland und in Österreich beeinflußt Zahl der Betriebe, Größengliederung derselben, Stärke der verschiedenen Gewerbezweige usf.; aber die Gesamtzahl der in allen gewerblichen Betrieben beschäftigten Personen läßt sich, weil sie von der Aufteilung dieser Personen auf die einzelnen Betriebe unabhängig ist, wohl vergleichen, wenn nur der Gesamtumfang der Erhebung — der Begriff des „Gewerbes" — übereinstimmt. Die Kriminalstatistiken der verschiedenen Länder sind grundsätzlich gewiß nicht ohne weiteres vergleichbar; aber man kann doch gewisse Delikte herausgreifen, die in den Strafgesetzen verschiedener Länder gleich definiert und in den Veröffentlichungen getrennt nachgewiesen werden, so daß die bezüglichen Zahlen verglichen werden können. Am ehesten können, wie es scheint, alles zusammenfassende Summenzahlen und ganz spezielle Einzelangaben den Konsequenzen methodologischer Verschiedenheiten entrückt sein.

Eine weitere Erscheinung ist die, daß eine und dieselbe statistische Aussage manchmal für gewisse Vergleiche verwendbar ist, während nach anderer Richtung die Vergleichbarkeit fehlt. Wenn verschiedene Städte die Voraussetzungen für den Bezug einer Armenunterstützung verschieden festgelegt haben, so sind die Zahlen der unterstützten Armen der verschiedenen Städte — wegen verschiedenen Begriffs der Zähleinheit — nicht vergleichbar; aber für jede Stadt für sich können wir die Zahlen zeitlich — solange jede Stadt ihre Normen unverändert beibehält — wohl vergleichen; es ist also zeitlicher, aber nicht geographischer Vergleich möglich. Die Rekrutierungsstatistik ist umgekehrt geographisch, aber nicht zeitlich vergleichbar. Da der Rekrutenbedarf im Laufe der Jahre schwankt, wechseln auch die an die Gemusterten gestellten Anforderungen; der Begriff „tauglich" ändert sich zeitlich; eine zunehmende Zahl Tauglicher kann von bloßer Herabsetzung der Anforderungen herrühren. Im gleichen Jahre sind jedoch die Ergebnisse verschiedener Landesteile, die Ergebnisse für verschiedene Bevölkerungsbestandteile (z. B. städtische und ländliche Bevölkerung) wohl vergleichbar.

Eine beträchtliche Bedeutung haben Erhebungsfehler für unser Problem. Statistische Ergebnisse, die verschieden stark mit Erhebungsfehlern behaftet sind, können nicht verglichen werden; das heißt, wir können von der sich etwa zeigenden zahlenmäßigen Differenz nicht auf eine materielle Verschiedenheit beziehungsweise Veränderung schließen; die Differenz kann ja — ganz oder teilweise — durch das verschiedene Ausmaß der Erhebungsfehler verursacht sein. Die Statistik zählt jetzt mehr Geisteskranke und Todesfälle an Krebs; aber man nimmt vielfach an, daß diese Krankheiten jetzt vollständiger, das heißt mit weniger Erhebungslücken, erfaßt werden; die zahlenmäßige Zunahme kann somit lediglich diesen formalen Grund haben, ohne daß die genannten Krankheiten jetzt häufiger auftreten würden. Dagegen sind auch mit Erhebungsfehlern behaftete statistische Zahlen vergleichbar, wenn diese Erhebungsfehler in den Vergleichsmaßen gleich zahlreich beziehungsweise gleich stark sind, so daß die zu vergleichenden Zahlen alle in gleichem Maße von der Wirklichkeit abweichen; in welchem Maße dies der Fall ist, brauchen wir für den Vergleichszweck gar nicht zu wissen.

Das für Erhebungsfehler Gesagte gilt auch für Schätzungsfehler. Die Schätzungen der sachverständigen deutschen Ernteberichterstatter gelten als etwas zu hoch; da sie dies aber wohl im ganzen Deutschen Reiche und jahraus jahrein in gleichem Ausmaße sind, können wir sie interlokal und zeitlich vergleichen, das heißt, aus den verschieden hohen Zahlen für verschiedene Gebiete und verschiedene Jahre auf wirkliche materielle Verschiedenheiten der landwirtschaftlichen Erträge schließen.

Nach dem Dargelegten gehört die statistische Vergleichbarkeit zweifellos zu den wichtigsten Problemen der statistischen Methodenlehre. Überaus mannigfache und wichtige Aufgaben der statistischen Forschung setzen vergleichbare Zahlen voraus. Daß statistische Zahlen so häufig der Vergleichbarkeit ermangeln, bereitet der statistischen Forschung die größten Schwierigkeiten, setzt ihr oft unüberwindliche Hindernisse in den Weg. Wie könnte man diesen Übelstand bekämpfen? **Wie könnte man sicherstellen, daß durchweg vergleichbare statistische Zahlen gewonnen werden?** Ein gewisser statistischer Fortschritt kann durch die Verbesserung der statistischen Methodenlehre erzielt werden. Wenn diese die zweckmäßigsten Begriffe, die richtigsten Methoden nachweist und alle statistischen Kreise und Faktoren sich ihrer wissenschaftlichen Autorität unterwerfen, so wird sich auf vielen Gebieten gleichmäßiges Vorgehen einbürgern, das zu vergleichbaren Ziffern führt. Die Autorität der statistischen Kongresse und des Internationalen Statistischen Instituts haben zweifellos schon Beträchtliches in dieser Richtung bewirkt. Aber wir dürfen nicht übersehen, daß es auch Tatsachen von großem Gewicht gibt, welche der Vereinheitlichung entgegenwirken: die einzelnen Länder haben vielfach verschiedene Informationsbedürfnisse; die sekundären Statistiken der einzelnen Länder hängen von deren mannigfachen rechtlichen und administrativen Einrichtungen ab; manche Gruppierungen werden durch Bedachtnahme auf gewisse außerstatistische Operate der einzelnen Länder beeinflußt; jede methodologische Änderung zwecks Herstellung der Vergleichbarkeit mit anderen Statistiken bedeutet den Verlust der Vergleichbarkeit mit den eigenen früheren

Erhebungen, und nicht selten wird diese Vergleichbarkeit mindestens ebenso wichtig sein wie die internationale Vergleichbarkeit; Traditionen und persönliche Anschauungen leitender Statistiker spielen eine beträchtliche Rolle.

Auf manchen Anwendungsgebieten der Statistik herrscht das Bestreben, methodologisch gleichartiges Vorgehen — zwecks Erzielung vergleichbarer Daten — durch ausdrückliche Vereinbarungen sicherzustellen. Die statistischen Kongresse und das Internationale Statistische Institut haben wertvolle Vorarbeiten geleistet; formell bindende Verträge sind jedoch nur auf wenigen Gebieten zustandegekommen: auf dem handelsstatistischen Gebiete (Brüsseler Konvention) und hinsichtlich der Klassifikation der Todesursachen; ferner hat schon seit längerer Zeit das Internationale Bureau des Weltpostvereins (Bern) eine übereinstimmende Berichterstattung der einzelnen Staaten geregelt. Den internationalen Vereinbarungen sind in gewissem Sinne analog die Vereinbarungen, durch welche sich die deutschen Städte und die deutschen Länder für manche Zweige der Statistik zu gleichartigem Vorgehen verpflichtet haben. Eine dritte Kategorie stellen jene deutschen Landesstatistiken dar, welche im Rahmen „föderierter Reichsstatistik" gleichartig nach den Vorschriften der Reichsregierung vorgenommen werden.

Immerhin bleiben weite Gebiete, auf denen irgendeine ausdrückliche Vorsorge für Vergleichbarkeit fehlt. Gibt es da gar keine Möglichkeit, die Interessen des statistischen Publikums, das nichtvergleichbaren Zahlen gegenüber doch hilflos ist, zu wahren? Am günstigsten ist die Situation, wenn es sich um zeitlich aufeinanderfolgende Statistiken derselben statistischen Stelle handelt, die das Verfahren jedoch bei den späteren Statistiken abgeändert hat. Die betreffende statistische Stelle wird oft in der Lage sein, im Rahmen der neueren Statistik die mit den früheren Zahlen vergleichbaren Daten herauszuschälen oder mit der neuen Statistik vergleichbare Zahlen für die frühere Zeit bereitzustellen, und sie soll sich dieser Aufgabe auch nach Möglichkeit unterziehen. Hat sich z. B. das Territorium eines Staates oder einer Stadt von einer Zählung zur anderen verändert, so soll die betreffende statistische Stelle nicht nur die jeweiligen Erhebungsresultate (Einwohnerzahl usf.) bekanntgeben, die wegen „in räumlicher Hinsicht nicht vergleichbarer Erhebungseinheit" beziehungsweise wegen „nicht vergleichbarer räumlicher Gruppierung" formal differieren, sondern auch die vergleichbaren Zahlen entweder für den alten oder den neuen Gebietsumfang. Erweitert sich der Kreis der Erhebungseinheiten sachlich, so können in den neuen Ergebnissen auf den früheren Kreis bezügliche Daten gegeben werden; die gewerbliche Betriebszählung des Jahres 1907 hat zum Unterschied von den früheren gewerblichen Betriebszählungen auch das Musik-, Theater- und Schaustellungsgewerbe in die Erhebung einbezogen; dieser Zuwachs wurde aber nicht mit den anderen Gewerben vermischt, und es wurden für das Jahr 1907 zweierlei Gesamtziffern gewonnen: solche mit und solche ohne das Musik-, Theater- usf. Gewerbe, letztere Ziffern mit den früheren Zählungen vergleichbar. Die deutsche Kriminalstatistik hat im Laufe der Jahre ihre Klassifikation der Verbrechen und Vergehen bedeutend erweitert; sie erleichtert Vergleiche mit früheren Jahren, indem sie jährlich in einer einleitenden Tabelle darstellt, unter welcher Nummer des „Ausführlichen Verzeichnisses" die einzelnen Delikte jetzt und früher angeführt sind.

Viel schwieriger ist Abhilfe bei **nichtvergleichbaren Statistiken verschiedener Provenienz**, insbesondere, wenn Statistiken verschiedener Länder verglichen werden sollen und die formale Übereinstimmung fehlt. Nur ausnahmsweise finden sich gewisse einzelne, methodologisch vergleichbare Aussagen auch in sonst nicht vergleichbaren Statistiken (siehe oben). Was läßt sich im übrigen unternehmen? Statistiken aus verschiedenen Erhebungsjahren können eventuell durch Interpolation beziehungsweise Extrapolation auf den gleichen Zeitpunkt zurückgeführt werden. Stimmt die sachliche Gruppenbildung nicht überein, so wird man, wenn lediglich verschieden weit gehende Detaillierung vorliegt, ohne weiteres die Gruppen der weniger detaillierten Statistik zugrunde legen können. Meist werden aber auch die — nach der Stufe der Zusammenfassung — koordinierten, miteinander korrespondierenden Gruppen verschieden abgegrenzt sein. Bei Größenklassen kann eventuell Interpolation — weitere Zerlegung von Größenklassen, um gleichabgegrenzte Stufen in beiden Statistiken zu erzielen — helfen. Meist bleibt nichts übrig, als sich auf jene zusammenfassenderen Gruppen zu beschränken, die sich aus dem Material der beiden Statistiken in gleicher Weise bilden lassen. Walter Schiff hat versucht, die Ergebnisse der österreichischen gewerblichen Betriebszählung vom Jahre 1902 mit den Ergebnissen der deutschen gewerblichen Betriebszählung vom Jahre 1895 zu vergleichen, obwohl die beiden Gewerbeschemen sich in mancher Hinsicht unterscheiden. Er macht hierzu folgende Bemerkungen von grundsätzlicher Bedeutung: „Will man die Ergebnisse der beiden statistischen Erhebungen einander gegenüberstellen, so muß man sich auf diejenigen Gewerbe beschränken, die sowohl hier als auch dort gezählt worden sind; und man muß trachten, durch entsprechende Zusammenziehung der untersten Einteilungsglieder, der Gewerbearten, gleichartige Gewerbegruppen zu konstruieren. Das ist nun tatsächlich in weitgehendem Maße möglich. Die einem solchen Verfahren entgegenstehenden Hindernisse sind allerdings nicht immer zu beseitigen; namentlich

4. Die statistische Vergleichbarkeit.

kann nicht immer vermieden werden, daß einzelne Gewerbebenennungen in Deutschland einem anderen Gewerbezweig zugerechnet werden als in Österreich[1]." Schiff versucht sodann, die beiden genannten Erhebungen durch Umrechnung nach einem einheitlichen Schema für 55 Gewerbezweige einander möglichst zu nähern; natürlich geht er dabei überwiegend von der österreichischen Statistik aus und versucht zumeist aus dem deutschen Material die den einzelnen österreichischen Gewerbezweigen entsprechenden Gruppen gleichen Inhalts zusammenzusetzen. Erich Goldenberg hat in seiner Leipziger — offenbar von Ferdinand Schmid angeregten — Dissertation „Versuch eines Vergleiches der neueren Berufszählungen des Deutschen Reiches und Österreichs" (erschienen Brünn 1917) durch Umgruppierung der verschiedenen Berufsgruppen und -arten einerseits der deutschen, andererseits der österreichischen Statistik ein besonderes neues Berufsschema speziell als Vergleichsbasis aufgestellt, das aber nur 32 Berufsgruppen aufweist; einen Vergleich der vielen Hunderte von Berufsarten hält Goldenberg überhaupt für kaum durchführbar.

So versucht sich der Statistiker nichtvergleichbaren Daten gegenüber namentlich durch gewisse „Umrechnungen" zu helfen. Manche Autoren haben bei ihren internationalen Zusammenstellungen, allen Schwierigkeiten zum Trotz, doch beträchtliche Resultate erzielt; man denke beispielsweise nur an Zahns Finanzen der Großmächte, an Saitzews Motorenstatistik, an M. Meyers Streikstatistik. Manchmal liegt zwar streng methodologisch Vergleichbarkeit nicht vor; aber man kann annehmen, daß der störende Einfluß formaler Momente ein so geringfügiger ist, daß man seinethalben doch auf einen interessanten Vergleich nicht verzichtet. Gelegentlich kann man diesen störenden Einfluß abzuschätzen versuchen und, was man ihm zuschreiben zu dürfen glaubt, von der tatsächlich vorliegenden zahlenmäßigen Differenz abziehen, wodurch sich die die materielle Verschiedenheit der Vergleichsmassen charakterisierende Ziffer ergibt.

---

[1] Die gewerbliche Betriebszählung vom 2. Juni 1902, Separatdruck aus der Statistischen Monatsschrift 1907—1908, Brünn 1908, S. 70.

5. „Mit der Statistik kann man alles beweisen!"

Wie ist es zu erklären, daß bei statistischen Untersuchungen so häufig Widersprüche entstehen, so daß das Vertrauen zur Statistik schon in weiten Kreisen schwer gelitten hat, was oft in die als Überschrift vorangestellten Worte gekleidet wird? Die vorstehenden Abschnitte enthalten schon die wichtigsten Erklärungsgründe; ziehen wir zunächst aus ihnen die logischen Konsequenzen.

Wir sind davon ausgegangen, daß statistische Zahlen durch Zugrundelegung bestimmter Begriffe — bei der statistischen Erhebung und bei der Bearbeitung des Erhebungsmaterials — entstehen, und haben im zweiten Abschnitt dargelegt, daß der Statistik bei der Gewinnung statistischer Zahlen — bei der Prägung der maßgebenden Begriffe — ein gewisser Spielraum gegeben ist, daß eine gewisse „Willkür" der Statistik platzgreift. Infolgedessen bietet natürlich jede Statistik der Kritik allerlei Angriffspunkte; der Kritiker kann hinsichtlich jedes, einer bestimmten Statistik zugrunde gelegten Begriffs anderer Meinung sein; die Daten sind dann für ihn nicht mehr beweisend; er lehnt sie als Produkt willkürlichen Vorgehens, vielleicht als „tendenziös" ab.

Aus der statistischen Willkür folgt zweitens, daß über dieselbe Erscheinung verschiedene, sich widersprechende Statistiken zustande kommen können. Wenn mehrere Stellen eine Erscheinung statistisch untersuchen und dabei verschiedene Begriffe zugrunde legen, dabei verschiedene Methoden anwenden, die sich eben in der Regel auf verschiedenen Begriffen aufbauen, so müssen sich zwangsläufig verschiedene Endziffern ergeben — auch wenn von keiner Seite tendenziös vorgegangen wird. Allein diese Ziffern besagen Verschiedenes, sie brauchen gar nicht übereinzustimmen, sie sind gar nicht vergleichbar. So stellt sich der Statistiker zur Frage. Aber es ist begreiflich, daß die große Masse der Interessenten einen etwas anderen Standpunkt einnimmt. Ihr fehlt meist die methodologische Schulung, um die Unterschiede zwischen den denselben Gegenstand betreffenden Zahlen zu erfassen. Der Benutzer der Statistik interessiert sich für ein bestimmtes materielles, demographisches oder wirtschaftliches, Problem; er wünscht, er erwartet von der Statistik eine eindeutige, klare und zuverlässige Antwort. Statt dessen liegen mehrere sich widersprechende Zahlen vor, zwischen denen er zu wählen gar nicht in der Lage ist,

5. „Mit der Statistik kann man alles beweisen!" 43

weil ihm die „Feinheiten" der statistischen Begriffsbildung und Methodik ganz fern liegen.

Einige Beispiele sollen zeigen, wie statistische Widersprüche infolge verschiedener Begriffe, infolge der Betätigung verschiedener Auskunftspersonen, infolge divergierender Schätzungen und anderer Momente der statistischen „Willkür" zustande kommen können. Wenn sich im Jahre 1907 für den deutschen Viehstand verschiedene Ziffern einerseits bei der Viehzählung, andererseits bei der landwirtschaftlichen Betriebszählung ergaben, so lag der Grund darin, daß sich der Erhebungsumfang nicht deckte: bei der Viehzählung wurde der gesamte Viehstand gezählt, bei der Betriebszählung nur das Vieh der landwirtschaftlichen Betriebe; überdies differierte der Stichtag. Daß Erhebungen von verschiedenem methodologischem Charakter ein verschiedenes Bild der Arbeitslosigkeit ergeben, ist natürlich auch nicht zu verwundern; die Berichte der Gewerkschaften über ihre arbeitslosen Mitglieder, die Zahlen der Erwerbslosenunterstützungsempfänger, die Zahlen der Stellenbewerber bei den Arbeitsnachweisen, die Zahlen einer etwaigen Erhebung der Arbeitslosen von Haus zu Haus beziehen sich auf ganz verschieden definierte Erhebungseinheiten. Die Widersprüche der Handelsstatistiken verschiedener Länder — ein Land exportiert in ein anderes nach seiner eigenen Statistik meist eine ganz andere Warenmenge als jenes zweite Land nach seiner Statistik vom ersten bezogen hat — rühren vor allem von der verschiedenen begrifflichen Formulierung des Herkunfts- und Bestimmungslandes und von divergierendem Bewertungsverfahren her. Wenn die amtliche und die private (gewerkschaftliche) Streikstatistik verschiedene Zahlen aufweisen, so rührt dies zunächst wieder von verschiedenem Erhebungsumfang her: die amtliche Statistik erfaßt grundsätzlich alle Streiks, die gewerkschaftliche naturgemäß nur solche, an denen Verbandsmitglieder beteiligt waren; ferner ist hier die Verschiedenheit der Auskunftspersonen von Einfluß; die — zum Teil subjektive — Charakterisierung derselben Streiks (z. B. ob Angriff- oder Abwehrstreik, ob erfolgreich oder nicht) fällt in den beiden Statistiken oft verschieden aus. Welche Kategorie von Auskunftspersonen gewählt wird, hat namentlich auf das Ausmaß von Erhebungs- und Schätzungsfehlern einen großen Einfluß. Am 27. April 1918 teilte der Staatssekretär von Waldow im preußischen Abgeordnetenhaus folgende Schätzungsergebnisse über die letzte Kartoffelernte mit (in Millionen Tonnen): nach den eigenen Angaben der Kartoffelerzeuger 24, nach den Schätzungen der Kommunalverbände 28, nach Schätzung der Reichskartoffelstelle 34, nach Schätzung der 8000 reichsstatistischen Ernteschätzer 40, nach anderen Sachverständigen 50! Schwer zu erklären sind die Widersprüche, die sich hinsichtlich des Konsums regelmäßig zwischen gewissen Verbrauchsberechnungen (an Hand von Produktion und Außenhandel) und Verbrauchserhebungen (mit Hilfe von Haushaltungsrechnungen, also sozusagen durch Befragung der Konsumenten selbst) zeigen. Die Haushaltungsrechnungen ergeben zumeist niedrigere Ziffern für den Verbrauch pro Kopf. Vielleicht wird durch die Haushaltungsrechnungen der Konsum in den Gastwirtschaften nicht ganz erfaßt; vielleicht rührt die Differenz auch davon her, daß die an den Erhebungen von Haushaltungsrechnungen beteiligten Familien eine der Reichsbevölkerung gegenüber überdurchschnittliche Kinderzahl haben.

Manche komplexe Erscheinungen wie Volksvermögen oder Volkseinkommen, Volkersparnisse, Zahlungsbilanz können nur durch Kombinierung verschiedener Statistiken bzw. mit Zuhilfenahme verschiedener Schätzungen und Berechnungen erfaßt werden; wieviel Möglichkeiten verschiedenen Vorgehens! Nehmen wir nur die „Statistik" des Volksvermögens. Die objektive (reale) Methode addiert die Werte der einzelnen Bestandteile des Volksvermögens (Grund und Boden, Häuser usf.); allein für eine ganze Reihe von Gütergattungen fehlt überhaupt jede Statistik; Schätzungen müssen platzgreifen; wenn Steinmann-Bucher eine höhere Ziffer für das deutsche Volksvermögen erhielt als Helfferich, so kam dies namentlich davon, daß er den Wert des Grund und Bodens höher einschätzte. Die subjektive (personale) Methode der Berechnung des Volksvermögens geht von den Vermögen der einzelnen Personen aus, in der Regel unter Benutzung der Veranlagungsdaten einer Vermögenssteuer; sie erfordert jedoch eine Reihe von schätzungsweisen Zuschlägen — für zu geringe Veranlagung, für (wegen ihres geringen Betrags) steuerfreie Vermögen, für (wegen ihrer Art, z. B. als Hausrat, Kleider) steuerfreie Vermögensbestandteile. Berechnungen von Preisgeneralindexziffern unterscheiden sich hinsichtlich der berücksichtigten Waren, hinsichtlich des Zeitpunktes, mit dem verglichen wird, hinsichtlich des zur Zusammenfassung der Indices für die einzelnen Waren gewählten Mittelwertes, eventuell, wenn ein gewogenes Mittel berechnet wird, hinsichtlich der Wichtigkeitskoeffizienten; ist es da eigentlich verwunderlich, daß die Ergebnisse verschiedener Berechnungen voneinander abweichen? Ähnliches gilt für die Berechnungen der Lebenshaltungskosten.

Die methodologischen Verschiedenheiten sind manchmal so groß, daß ein Zweifel darüber entstehen kann, ob es sich eigentlich noch um verschiedene Wege zum gleichen Ziel oder schon um verschiedene Ziele handelt. Charakteristisch ist, wie Robert Meyer die verschiedenen von ihm kritisch erörterten Methoden der Berechnung des Volkseinkommens beurteilt hat: „Die Kritik führt uns also nicht zur Bevorzugung einer der genannten Methoden, sondern zur Erkenntnis, daß hier nicht so sehr Methoden der Ermittlung eines und desselben Ganzen

5. "Mit der Statistik kann man alles beweisen!"

als selbständige statistische Aufgaben vorliegen, von denen jede in ihrer Weise der Vervollkommnung fähig ist. Daß sie sich zugleich gegenseitig ergänzen und kontrollieren, ist von allen Statistikern anerkannt und bedarf nach dem Gesagten kaum näherer Begründung. Die Beziehungen dieser verschiedenen Summen zueinander zu ermitteln, ist viel mehr Aufgabe der theoretischen Nationalökonomie als der Statistik [1])."

Im dritten Abschnitt haben wir dargelegt, wieso es kommt, daß der statistische Interessent so häufig in den veröffentlichten Statistiken die von ihm benötigten Aufschlüsse „nicht findet". Diese Situation führt auch nicht selten zu statistischen Widersprüchen und zur Anzweiflung der Richtigkeit der Statistik. Der die gesuchte Ziffer nicht findende Interessent versucht vielleicht, eine Schätzung vorzunehmen; verschiedene Interessenten nehmen verschiedene Schätzungen vor, die — infolge des mitspielenden subjektiven Moments — mehr oder weniger voneinander abweichen; schon zeigen sich „statistische Widersprüche"; liegt nun eine Schätzung (oder mehrere) vor, so werden Dritte ihr gegenüber natürlich kritisch Stellung nehmen, ihre Richtigkeit bezweifeln; denn „mit der Statistik kann man alles beweisen"'

Findet er die gewünschten Daten nicht, so greift der Interessent manchmal zu gewissen anderen vorhandenen Ziffern, von denen er annimmt, daß sie von den ersteren nicht wesentlich abweichen dürften; in Deutschland fehlt z. B. eine Grundbesitzstatistik und Angaben über die Größenverhältnisse der Grundbesitzungen liegen nicht vor; wie häufig werden da die Zahlen der landwirtschaftlichen Betriebszählung über die Größengliederung der landwirtschaftlichen Betriebe als Ersatz benutzt! Die Beweiskraft dieser Zahlen wird jedoch entschieden bestreiten, wer der Meinung ist, daß Größengliederung der Besitzungen und der Betriebe wesentlich voneinander abweichen. Schließlich kommt es häufig vor, daß statistische Interessenten gar nicht bemerken, daß die nach dem Gegenstande der Untersuchung für sie in Betracht kommen Ziffern nicht vorhanden sind; sie benutzen einfach die vorhandenen Ziffern, sofern sie den benötigten nur irgendwie nahestehen, lassen diese Ziffern Fragen beantworten, welche sie nach ihrem methodologischen Wesen gar nicht beantworten können; natürlich werden falsche Schlüsse gezogen, die Widerspruch und Ablehnung hervorrufen.

Methodologisch nicht gewappnete Interessenten begehen auch häufig den Fehler, (formal) nicht vergleichbare Zahlen — mit diesen Zahlen haben wir uns im vierten Abschnitt eingehend beschäftigt — doch zu vergleichen und aus ihnen materielle Schlüsse

---

[1]) Artikel „Einkommen", Handwörterbuch der Staatswissenschaften, 3. Aufl., III. Bd., S. 672.

5. „Mit der Statistik kann man alles beweisen!"

zu ziehen. Diese Schlüsse werden von anderen, welche die Nichtvergleichbarkeit erkennen, als unzulässig erklärt; wieder andere versuchen vielleicht, die vermutliche Wirkung der formalen Differenz zahlenmäßig zu veranschlagen und so doch einen gewissen materiellen Schluß zu ermöglichen.

Vergleiche geben noch aus einem anderen — von der Frage formaler Vergleichbarkeit ganz unabhängigen — Grunde oft Anlaß zu Kontroversen. Gesellschaftliche Erscheinungen können nämlich oft mittelst **verschiedener Vergleichsmaßstäbe** verglichen werden, d. h. dem Vergleiche können verschiedenartige Aussagen zugrunde gelegt werden, die nicht selten ein „widersprechendes" Bild ergeben. Für die Möglichkeit verschiedener Vergleichsmaßstäbe nur einige Beispiele. Den auswärtigen Handel oder die gewerbliche Produktion zweier Jahre (Länder) können wir nach ihrem Werte oder nach ihrer Menge vergleichen; in der Berufsstatistik können wir die Berufszweige untereinander und jeden Berufszweig für sich in seiner zeitlichen Entwicklung nach den Zahlen der Erwerbstätigen oder nach jenen der Berufszugehörigen vergleichen. Zwei Maßstäbe ergeben sich häufig dadurch, daß außer der Zahl der Erhebungseinheiten auch ein „aufsummiertes" Erhebungsmerkmal in Frage kommt: wir vergleichen Gewerbezweige nach der Zahl der Betriebe und nach der Zahl der beschäftigten Personen, Gruppen von Aktiengesellschaften nach der Zahl der Gesellschaften und nach dem auf die einzelnen Gruppen entfallenden gesamten Aktienkapital, Genossenschaftsgruppen nach der Zahl der Genossenschaften und nach den gruppenweisen Mitgliederzahlen. Die Tarifvertragsbewegung können wir nach der Zahl der Tarifgemeinschaften, nach der Zahl der an den Vereinbarungen beteiligten Betriebe und nach der beteiligten Arbeiterzahl beurteilen.

Manchmal kommt eine ganze Fülle von Vergleichsmaßstäben in Frage: zwei Produktionszweige können wir z. B. einander gegenüberstellen nach der Zahl der Berufstätigen und der Berufszugehörigen, nach der Zahl der Betriebe und des Betriebspersonals, eventuell mit Berücksichtigung der motorischen Kräfte, nach der Zahl ihrer Arbeitsmaschinen (z. B. Spindeln, Webstühle), nach ihrer Produktion (der Menge und dem Werte nach), nach ihrer Ausfuhr (Menge und Wert). Zwei Seehäfen können wir vergleichen nach der Zahl der angekommenen und der abgegangenen Schiffe und nach deren Raumgehalt (in Registertonnen), wobei wir wieder entweder alle Schiffe überhaupt oder nur die beladenen berücksichtigen können, wobei wir uns auf die Dampfschiffe (alle oder die beladenen) oder auf den Auslandsverkehr (ohne Küstenschiffahrt) bzw. auf den überseeischen Schiffsverkehr beschränken können. Manchmal verwenden wir „Symptome" als Vergleichsmaßstab, wobei wieder häufig verschiedene Symptome nebeneinander in Frage kommen. — Sehr häufig können wir Erscheinungen einerseits mittelst absoluter, andererseits mittelst relativer Zahlen vergleichen, und überdies kommen verschiedene Relativzahlen nebeneinander in Betracht.

Mehrere Vergleichsmaßstäbe können im Resultate übereinstimmen; von zwei Gewerbezweigen kann der eine den anderen in jeder Hinsicht — was die Zahl der Erwerbstätigen und der Berufszugehörigen, die Zahl der Betriebe, die Größe der Produktion usf. anlangt — überragen. Aber es kommt eben doch sehr häufig vor, daß sich mehrere Vergleichsmaßstäbe „widersprechen". Von zwei Industrien weist die eine z. B. mehr Betriebe, die andere dagegen mehr beschäftigte Personen auf, die eine überwiegt in der Produktion dem Werte, die andere der Menge nach. Die Konsumgenossenschaften stehen nach der Zahl der Genossenschaften weit hinter den Darlehenskassenvereinen zurück; sie übertreffen diese dagegen an Zahl der Genossenschaftsmitglieder (die Konsumgenossenschaften haben nämlich die viel größere durchschnittliche Mitgliederzahl). Vergleichen wir Männer und Frauen in der Krankheitsstatistik, so haben die Frauen die geringere Erkrankungshäufigkeit, jedoch die größere Zahl von Krankheitstagen pro Mitglied; die Erklärung bietet der Maßstab der durchschnittlichen Dauer eines Krankheitsfalles; die Frauen haben die höhere Ziffer, infolgedessen ergibt sich für sie aus geringerer Erkrankungshäufigkeit eine größere Zahl von Krankheitstagen. Das deutsche Volksvermögen war — nach Helfferich — vor dem Kriege absolut größer als jenes Englands und jenes Frankreichs; aber relativ, d. h. auf den Kopf der Bevölkerung, wiesen jene Länder — infolge ihrer kleineren Bevölkerungszahl — die größere Ziffer auf. Laut den Ergebnissen der deutschen gewerblichen Betriebszählungen ist zwischen 1882 und 1907 der Kleinbetrieb relativ zurückgegangen, aber absolut hat er sich noch ausgebreitet; nur weil Mittel- und Großbetriebe viel rascher zunahmen, kam er prozentuell ins Hintertreffen. An Hand zahlreicher Beispiele, die ich hier nicht wiederholen möchte, habe ich in meinem „Grundriß der Statistik" im Abschnitt „Verhältniszahlen" (§ 29 der 1., § 30 der 2. Auflage des Grundrisses) gezeigt, wieso es kommt, daß Verhältniszahlen häufig ein anderes Bild geben als absolute Zahlen, und wieso auch Widersprüche zwischen Verhältniszahlen verschiedener Art — über dieselbe Erscheinung — zustande kommen.

Der geschulte Statistiker weiß, daß dies nur scheinbare Widersprüche sind. Die als Vergleichsmaßstäbe benutzten verschiedenen Daten besagen ja ganz Verschiedenes; sie brauchen nicht übereinzustimmen; so wie von zwei verglichenen Menschen der eine größer und der andere schwerer sein kann, kann auch von zwei nach verschiedenen Maßstäben verglichenen Industrien in mancher Hinsicht die eine, in anderer Hinsicht die andere stärker entwickelt sein. In manchen Fällen steht dem Statistiker sogar eine den Widerspruch lösende zahlenmäßige Erklärung (vgl. die obigen Beispiele der verschiedenen Stellung von Männern und Frauen in der Krankheitsstatistik und des absoluten und relativen Volksvermögens verschiedener Länder) zur Verfügung. Aber der Laie erfaßt oder beachtet die Verschiedenheiten der Vergleichsmaßstäbe oft nicht; er empfindet es manchmal geradezu als unerfreulich, daß es mehrere Vergleichsmaßstäbe gibt, daß man in der Statistik so leicht „aneinander vorbeiredet". Der Laie tritt mit mehr allgemein gedachten, manchmal recht vagen Fragestellungen auf, z. B.: „welche Industrie ist wichtiger?" oder „hat die Landwirtschaft zu- oder abgenommen?" Die Statistik unterbreitet ihm eventuell eine ganze Anzahl von „widersprechenden" Antworten, die er untereinander nicht in Einklang bringen kann.

Gibt es da eine Abhilfe? Zwei Möglichkeiten scheinen uns zunächst vorhanden zu sein. Zunächst kann man einen zwischen verschiedenen Vergleichsmaßstäben sich zeigenden Widerspruch dadurch aus der Welt schaffen, daß man von den in Frage kommenden Vergleichsmaßstäben lediglich einen — jenen, den man für den entscheidenden, für den beweiskräftigsten hält — verwendet. Es gibt in der Tat Fälle, in denen mehrere in Frage kommende Vergleichsmaßstäbe nicht von gleichem Werte sind und man gewisse Vergleichsmaßstäbe mit vollem Rechte ausschalten kann. Natürlich sind formal nicht vergleichbare Zahlen auch als Vergleichsmaßstab unzulässig bzw. minderwertig; daher sind gegenwärtig für zeitliche Vergleiche, z. B. der Handelsstatistik, die Nominalwerte (in Papiermark) ein schlechter Maßstab und die Mengenziffern bedeutsamer. Aber auch formal einwandfreie Zahlen können von verschiedener Bedeutsamkeit sein. Die statistische Methodenlehre weist z. B. nach, daß allgemeine Häufigkeitszahlen bei Vergleichen oft ein falsches Bild ergeben; von zwei Ländern kann das eine lediglich infolge anderen Altersaufbaus (z. B. größerer Kinderzahl) die geringere Eheschließungs- oder Geburtenhäufigkeit haben, während es die höhere Ziffer aufweist, wenn man lediglich die Erwachsenen (die allein zu den Eheschließungen und Geburten beitragen) berücksichtigt. Von zwei Ländern kann das eine die höhere allgemeine Sterbeziffer haben, während doch, wenn wir die Altersklassen getrennt vergleichen, das andere Land in jeder Altersklasse die höhere Sterblichkeit aufweist. Häufig sind Beziehungszahlen für Vergleiche geeigneter als Gliederungszahlen; die Veränderungen der Sterbenshäufigkeit in einem bestimmten Berufe können wir aus dem Prozentsatz der Todesfälle von Angehörigen dieses Berufes — von allen Todesfällen überhaupt — nicht ersehen, sondern nur aus der

5. „Mit der Statistik kann man alles beweisen!" 49

Häufigkeitsziffer für den betreffenden Beruf, welche die Todesfälle mit den Lebenden in Beziehung setzt. Auch allgemeine Mittelwerte sind oft für Vergleiche wenig geeignet: von zwei Ländern kann das eine den höheren Durchschnittslohn bloß deswegen aufweisen, weil dort Frauenarbeit weniger verbreitet ist; der getrennte Vergleich der besonderen Löhne der Männer und der Frauen gibt ein besseres Bild [1]). Ein gegenwärtig besonders aktuelles Beispiel: die Steuerbelastung verschiedener Völker können wir nicht an Hand des auf den Kopf der Bevölkerung berechneten Steuerbetrages, sondern nur an Hand der — in den verschiedenen Ländern — als Steuer abzugebenden Einkommensquote vergleichen.

Allein es bleiben zweifellos unzählige Fälle übrig, in denen von mehreren in Frage kommenden Maßstäben keiner als offenbar minderwertig ausgeschaltet werden kann. Will man sich dann doch auf einen einzigen Vergleichsmaßstab beschränken, so wird die Wahl desselben subjektiv, willkürlich, und tendenziösem Vorgehen öffnen sich Tür und Tor: denn es besteht die Möglichkeit, von den mehreren Vergleichsmaßstäben jenen zu wählen — während die anderen Vergleichsergebnisse gar nicht mitgeteilt werden —, welcher das bestätigt, was man zu beweisen wünscht.

Eine zweite Möglichkeit, den Widerspruch zwischen mehreren Vergleichsmaßstäben zu beseitigen, besteht darin, diese Maßstäbe irgendwie rechnerisch zu einem einzigen zu verschmelzen. Wenn von zwei Rechtecken das eine länger, das andere breiter ist, so „widersprechen" sich die beiden Vergleichsmaßstäbe „Länge" und „Breite"; wenn wir jedoch die Fläche der beiden Rechtecke berechnen, so erhalten wir einen einzigen Maßstab, der keinen Widerspruch mehr zuläßt. Ähnliches ist manchmal auch in der Statistik möglich; so multipliziert z. B. die deutsche Streikstatistik die Zahl der Streikenden mit der Dauer der Streiks und gewinnt so eine, die Tragweite der Streiks nach zwei Richtungen gemeinsam charakterisierende „Rechnungsziffer". Etwas Ähnliches sind die tonnenkilometrischen Berechnungen in der Binnenschiffahrts- und der Eisenbahnstatistik. Auf der gleichen Linie liegt auch die Methode des „Mortalitätsindex"; die allgemeinen Sterbeziffern verschiedener Bevölkerungen sind wegen der verschiedenen Geschlechts- und Altersgliederung derselben kein guter Vergleichsmaßstab (siehe oben); andererseits ist der Vergleich der vielen Sterbeziffern für die einzelnen Altersstufen und die beiden Geschlechtsgruppen sehr kompliziert; durch Zugrundelegung der Geschlechts- und Altersgliederung einer „Standard-Bevölkerung" kann

---

[1]) Vgl. hierzu die grundsätzlichen Ausführungen und die Beispiele in des Verf. Grundriß der Statistik, §§ 29 und 30 der ersten, §§ 30 und 31 der im Herbst 1922 erscheinenden zweiten Auflage.

man nun sozusagen als gewogenes arithmetisches Mittel aus den besonderen Sterbeziffern für einzelne Altersstufen und die beiden Geschlechtsgruppen einen besonderen — natürlich fiktiven — Maßstab erhalten, der eine einheitliche Reihenfolge der Länder ergibt.

Der Wunsch, mehrere sich widersprechende Vergleichsmaßstäbe zu verschmelzen, kann unseres Erachtens jedoch leicht auf Irrwege führen. Um die Ausstattung verschiedener Länder mit Eisenbahnen darzustellen und vergleichen zu können, pflegt man für jedes Land die zwei Beziehungszahlen: wieviel Kilometer Eisenbahn entfallen auf je 1000 Einwohner und wieviel auf je 1000 Quadratkilometer, zu berechnen. Nach den beiden Maßstäben ergibt sich eine verschiedene Reihenfolge der einzelnen Länder. Dies ist aber kein Widerspruch, sondern erklärlich; so kann ja z. B. ein kleines Land im Vergleich zur Fläche sehr viel Eisenbahnen haben, aber wenig im Verhältnis zu seiner ungemein dichten Bevölkerung, während ein anderes, sehr ausgedehntes, aber wenig bevölkertes Land im Verhältnis zur Fläche weniger Eisenbahnen besitzt als das erste Land, im Verhältnis zu seiner sehr kleinen Bevölkerungszahl aber mehr. Engel meinte nun, für den internationalen Vergleich aus beiden Beziehungszahlen ein geometrisches Mittel als einheitliche „Eisenbahnausstattungsziffer" der einzelnen Länder berechnen zu sollen, und ähnlich ist man neuerdings auf anderen Gebieten, z. B. auf jenem der Genossenschaftsstatistik, vorgegangen (vgl. Deutsches Statistisches Zentralblatt 1919, S. 39—42 „Genossenschaftliche Dichtigkeitsziffern"). Allein eine solche gewaltsame Verschmelzung begrifflich verschiedenartiger Beziehungszahlen ist unseres Erachtens nicht zweckmäßig; man erreicht an Stelle zweier Reihen, von denen jede etwas Eigenartiges besagt, eine einzige Reihenfolge, die aber nichts besagt.

So hat denn unseres Erachtens das Zusammenschweißen mehrerer Vergleichsmaßstäbe, ebenso wie das Auswählen des „besten" Vergleichsmaßstabes, nur recht beschränkte Anwendungsmöglichkeiten; in den allermeisten Fällen läßt sich nichts daran ändern, daß mehrere Vergleichsmaßstäbe nebeneinander möglich sind, und daß sich diese nicht selten „widersprechen". Wenn man genau beachtet, was die Maßstäbe besagen, so kann natürlich von Widerspruch keine Rede mehr sein; verschiedene Vergleichsmaßstäbe ergänzen sich vielmehr gegenseitig und vervollständigen den Aufschluß. Wir müssen sogar grundsätzlich wünschen und anstreben, daß die Erscheinungen nach möglichst vielen Gesichtspunkten untereinander verglichen werden; das Vorhandensein nur eines — „unwidersprochenen" — Maßstabes bedeutet oft einen beträchtlichen Mangel. Wenn wir den Viehstand zweier Länder oder Zeiten nur mittelst der Stückzahl des Viehs vergleichen, so sind wir zweifellos nur unvollständig unterrichtet; denn

5. „Mit der Statistik kann man alles beweisen!"

es kommt auch auf die Qualität des Viehs — also auch auf die statistisch oft nicht erfaßten Maßstäbe des Lebendgewichts und des Verkaufswertes des Viehs — an. Von zwei Arbeitergruppen kann die eine den höheren Stundenlohnsatz und doch — z. B. wegen verdienstloser toter Saison, denken wir ans Baugewerbe — den niedrigeren Jahresverdienst haben; steht uns nur der eine Maßstab zur Verfügung, so ziehen wir vielleicht einen unrichtigen Schluß.

In den eben besprochenen Fällen des Vorhandenseins mehrerer Vergleichsmaßstäbe scheinen sich mehrere verschiedene statistische Aussagen zu widersprechen. Nicht selten führt jedoch eine und dieselbe Zahl beziehungsweise Zahlenreihe zu Kontroversen; **die gleichen statistischen Daten werden manchmal verschieden ausgelegt**, so daß wieder „Widersprüche der Statistik" entstehen. Bei der Auslegung statistischer Daten spielt nämlich oft ein gewisses subjektives Moment mit; zur Willkür bei der Gewinnung (Erhebung und Bearbeitung) statistischer Daten und zur Willkür, die beim Vorhandensein mehrerer Vergleichsmaßstäbe — durch Berücksichtigung lediglich eines derselben, durch Verschmelzung derselben — möglich ist, kommt noch die „Willkür" bei der Deutung statistischer Daten hinzu; neue Möglichkeiten — Versuchungen! — tendenziösen Vorgehens eröffnen sich. Ob ein Mittelwert „typisch" ist oder nicht, ist teilweise eine Sache subjektiver Beurteilung. Ob eine zeitliche Reihe konstant ist oder eine gewisse Entwicklungsrichtung aufweist, läßt sich manchmal keineswegs ohne weiteres ersehen; es kommt dabei sehr auf den Zeitraum an, den man — die einzelnen Jahre (Monate) vergleichend — umspannt, wie weit man beim Vergleich zeitlich zurückgreift; ferner ist die Grenze, bis zu welcher man Schwankungen als unwesentlich ansehen will, für den „allgemeinen" Statistiker ziemlich arbiträr; dem mathematischen Statistiker gibt die Wahrscheinlichkeitsrechnung präzisere Kriterien. Auch ob man die geographischen Schwankungen einer Erscheinung für „geringfügig und unwesentlich" hält oder nicht, ist für den allgemeinen Statistiker bis zu einem gewissen Grade Sache subjektiven Ermessens.

Ferner können verschiedene Statistiker oder Benutzer der Statistik auf Grund des gleichen Zahlenmaterials verschiedener Meinung darüber sein, ob aus ihm ein bestimmter kausaler Zusammenhang hervorgehe oder nicht. Wenn es sich nicht um die Gegenüberstellung von bloß zwei Werten, sondern um Vergleichsreihen handelt — also z. B. um die Arbeitslosenprozente und die Eheschließungshäufigkeiten für eine Anzahl von Jahren (Monaten), oder um die Durchschnittslöhne der Männer und der Frauen in vielen einzelnen Berufen —, so zeigt sich manchmal zwar eine gewisse Regelmäßigkeit (Einfluß der Wirtschaftslage auf die Heiraten, des Geschlechtes auf die Lohnhöhe); daneben treten aber meist auch abweichende Fälle auf, die das Urteil erschweren beziehungsweise zu verschiedener Beurteilung führen können. In solchen Fällen wird der eine vielleicht zur Formulierung gelangen, daß sich der kausale Zusammenhang „im großen und ganzen", „überwiegend", ergebe, wenn auch einzelne Abweichungen vorkommen, während der andere den „Eindruck" hat, daß die Abweichungen doch so zahlreich seien, daß von einer Regelmäßigkeit, von einem statistisch nachgewiesenen kausalen Zusammenhange nicht gesprochen werden könne. Ferner können die Meinungen oft darüber differieren, ob der kausale Faktor isoliert sei, das heißt, ob sich die verglichenen Massen lediglich und nur hinsichtlich des kausalen Momentes unterscheiden — und nur in diesem Falle ist ja ein Schluß auf diesen kausalen Faktor zulässig. Ich erinnere lediglich an die Streitfrage des Einflusses des Familienstandes auf die Sterblichkeit; ist es die Ehe als solche, welche bewirkt, daß die Verheirateten die geringere Sterbenshäufigkeit haben, oder ist es so, daß die Verheirateten aus einer — gesundheitlichen und wirtschaftlichen — Auslese hervorgehen und deshalb — aber nicht, weil sie verheiratet sind — ein günstigeres demographisches Bild zeigen? Gerade voreilige Schlüsse in Fällen nichtisolierter kausaler Faktoren haben die Statistik manchmal diskretitiert. Was da an solchen oft lächerlichen Schlüssen kolportiert wird, sind aber wohl zumeist von Statistikern selbst gemachte Scherze; so soll z. B. „ein Statistiker" nachgewiesen haben, das Wohnen in einem höheren Stockwerke schütze gegen Herzkrankheiten — natürlich sterben in höheren Stockwerken wohnende Personen selten an Herzkrankheiten, weil Herzkranke des Treppensteigens halber in höheren Stockwerken in der Regel nicht wohnen; das heißt, methodologisch ausgedrückt: die Bewohner der verschiedenen Stockwerke unterscheiden sich nicht bloß hinsichtlich der Stockwerkslage ihrer Wohnungen; dieser Einfluß — wenn er überhaupt besteht — ist nicht isoliert, sondern es ist von ihm unabhängig eine Auslese wirksam, welche selbständig den sich zeigenden Unterschied hervorbringt; der Fall ist analog dem oben erwähnten der geringeren Sterblichkeit der Verheirateten, falls diese eine Auslese darstellen.

Wir haben versucht, die zahlreichen Fälle statistischer Widersprüche zu sichten und methodologisch zu gruppieren. Daran, daß diese Widersprüche — auch wenn es zumeist nur scheinbare Widersprüche sind — in mancher Hinsicht unerfreulich und für die Statistik nicht vorteilhaft sind, kann kaum gezweifelt werden. Bestehen Aussichten dafür, daß es gelingen könnte, die „Widersprüche" der Statistik immer mehr einzuschränken und der Statistik das allgemeine Vertrauen zu sichern? Die entscheidende Aufgabe hat da zweifellos die statistische Methodenlehre; sie wird auf vielen Gebieten der Statistik die besten Methoden und die kennzeichnendsten Vergleichsmaßstäbe nachweisen und Regeln korrekter Auslegung statistischer Zahlen aufstellen können. Ausdrückliche Vereinbarungen zwischen den Statistikern der einzelnen deutschen Länder und den Statistiken der verschiedenen Staaten werden auch Wesentliches beizutragen vermögen. Aber schablonisieren läßt sich die statistische Forschung — die eben keine bloße Technik des Zählens oder Messens ist — nicht; individuelle wissenschaftliche Auffassung darf nicht aus der Statistik verbannt werden. Und so werden auch fernerhin verschiedene Statistiker oft verschiedene Wege wandeln und zu verschiedenen Ergebnissen gelangen. Die statistische Forschung bedarf so wie jede andere wissenschaftlicher Freiheit. Wir müssen aber natürlich von den Statistikern verlangen, daß sie, wenn sie neue Ziffern bringen, deren Entstehung und Tragweite genau kennzeichnen, daß sie die Schlüsse, welche sie ziehen, klar begründen. Wir erwarten ferner von den Statistikern nicht nur fachliche Fähigkeiten, sondern auch Charakter, das heißt die unbedingte Vermeidung tendenziösen Vorgehens. Andererseits müssen wir auch darauf hinarbeiten, daß die gesamten Interessenten der Statistik, daß alle jene, welche sich mit gesellschaftlichen Problemen beschäftigen und daher zwangsläufig statistische Daten benutzen und verwerten müssen, eine ausreichende statistische Schulung erlangen, die sie befähigt, statistische Daten richtig zu verstehen, nur das in ihnen zu lesen, was sie besagen, und die relative Tragweite aller statistischen Aussagen richtig zu beurteilen.

Printed by Libri Plureos GmbH
in Hamburg, Germany